# Ces ruptures qui nous rassemblent

Collection *Monde en cours*
créée par Jean Viard


www.editionsdelaube.com

ISBN 978-2-8159-6993-2

# Ces ruptures qui nous rassemblent

Préface de Bernard Sananès

*éditions de l'aube*

*À tous les aventuriers du « Conseil Objectivé »*
*À ceux qui en lui faisant confiance ont*
*permis à la frêle embarcation de devenir*
*un solide voilier et de prendre la mer*
*À ceux qui, à la lecture de ce livre, voudront*
*emprunter sa boussole pour naviguer vers*
*de nouveaux horizons en ces temps troublés*

## Préface

À force de disséquer les fractures de notre société, de les faire apparaître comme centrales, nous en avons collectivement fait une grille de lecture dominante, unique même aux yeux de certains. À la question « Comment qualifiez-vous la France ? », « fragmentée, divisée, fracturée » était devenue la réponse idoine, répétée comme une pensée unique. Évidemment, cet angle de vue reste souvent pertinent, et nous y avons nous-mêmes souvent fait référence[1]. Mais est-il parfaitement juste de ne regarder la société française que sous le prisme de ses fractures ? N'y a-t-il vraiment plus de points de convergence ? Tout n'est-il devenu qu'antagonisme, polarisation, affrontements ? Et surtout, est-ce toujours opérant, alors que les crises se succèdent et s'empilent depuis le covid ? À la crise sanitaire sont venues s'ajouter la crise inflationniste, la

1. Elabe-Institut Montaigne, « La France en morceaux », Baromètre des territoires, 2019.

crise climatique, les menaces sécuritaires et depuis quelques mois la crise géopolitique. Incertitudes, insécurités, vulnérabilités se sont installées dans notre quotidien.

Ce que nous observons dans ce contexte nous entraîne au changement de focale que nous avons pris le parti d'illustrer dans ce livre publié à l'occasion des dix ans d'Elabe. Pourquoi ce regard différent ? Parce que l'accumulation de ces chocs produit un effacement inédit des fractures socioéconomiques et territoriales historiques : la peur de l'agression a dépassé les frontières des quartiers dits « sensibles », la crainte de ne pas pouvoir se soigner a contaminé les grands centres urbains, l'expérience du renoncement au supermarché a atteint le portefeuille des cadres, la crainte de voir sa maison endommagée par une catastrophe naturelle a gagné tout le pays, la peur de voir la guerre à nos portes atteint toutes les générations. Tous vulnérables ! Désormais, l'insécurité est collective et se conjugue, avec des intensités différentes, au pluriel. Face aux menaces, à leur multiplication, à leur imbrication, un nouveau collectif se construit avec l'incertitude comme ciment et la quête de tranquillité comme antidote partagé. Parfois, comme sur la sécurité, ce qui nous rassemble est un point de vue tranché, parfois, comme sur la transition écologique, un point d'équilibre. Sur le travail, il faut creuser plus profond pour voir que si « travailler plus pour gagner plus » divise la société à parts égales, la demande de « travailler mieux », appuyée sur une plus grande reconnaissance, sur de nouveaux équilibres entre vie pro et vie perso, fédère. Et que derrière l'opposition à l'allongement de l'âge légal de la retraite, ce sont ces questions qui étaient aussi en arrière-plan.

Cet exemple nous entraîne sur une piste clé. Pour nous, Elabe, qui scrutons en permanence la société, nous sommes frappés de constater comment l'opinion est devenue complexe, mobile, échappant souvent aux critères habituels d'analyse. Pour la comprendre, il faut dépasser la proclamation des simples majorités, ce qu'ont voulu illustrer dans ces dix chapitres les consultants d'Elabe, qui ont toujours choisi l'analyse et parfois le plaidoyer pour aborder dix thèmes qui ont marqué le débat public. C'est aussi scruter la composition de l'opinion, mesurer et comprendre ce qu'expriment les minorités, décoder les points bloquants dans l'argumentation et les déclencheurs d'adhésion. Écouter n'est pas une simple posture passive. Écouter c'est être sincère pour capter les nouveaux courants et contre-courants de l'opinion, c'est être humble devant les données, même quand elles vous surprennent.

Mais pour ceux qui ont la charge de conduire leur État, leur collectivité, leur entreprise ou leur organisation, les réalités que nous traversons ne peuvent se contenter d'écoute, aussi fine soit-elle. Pour mettre en mouvement leurs idées, pour atteindre leurs objectifs, pour agir ils doivent faire face à une nouvelle exigence. S'ils veulent mobiliser les citoyens ou les salariés, s'ils veulent fédérer les parties prenantes ou les militants, cela exige de pouvoir recréer les conditions d'un dialogue éclairé pour surmonter les invectives et les a priori ; de réussir à modérer celui-ci sans l'affadir pour autant ; d'expliquer les ruptures, leurs enjeux, les alternatives qui se posent à nous. En résumé, de remplacer les « ingénieurs du chaos » par les « ingénieurs du dialogue ». Dans cet ouvrage qui donne la parole à des dirigeants d'entreprise et à des observateurs du débat public, comme dans l'accompagnement de nos clients, nous essayons avec Elabe d'y contribuer.

Notre conviction, après cette décennie traversée, c'est que l'écoute et le dialogue sont devenus des préalables aujourd'hui indispensables à l'action. Réformer, transformer apparaît chaque jour plus complexe tant les perspectives inquiètent. Convaincre est plus difficile quand la parole crée des doutes et suscite l'indifférence, voire la défiance. Mais réussir à rassembler autour d'un projet, d'une idée, d'une entreprise demeure plus que jamais indispensable quand l'incertitude menace. Parce qu'évidemment la tentation est grande, en ces temps troublés, d'opter pour la discrétion, d'attendre des jours meilleurs, de replier les ponts. Nous croyons au contraire que c'est dans ces périodes que l'audace de l'action, la sincérité du récit, la singularité des mots permettent de se différencier, de mobiliser, de réunir ses forces pour préparer les succès de demain. Agir face aux vulnérabilités, communiquer par temps de peurs sont autant de nouveaux défis auxquels les dirigeants sont chaque jour confrontés. C'est parce que le « Conseil Objectivé », l'ADN d'Elabe, permet de concevoir et d'accompagner le temps de l'écoute, du dialogue et de la communication qu'il peut répondre à ces défis.

Vous en trouverez les traces à chaque page de *Ces ruptures qui nous rassemblent*. De quoi, nous l'espérons, vous donner envie d'en découvrir sa richesse, sa différence et son potentiel.

Bernard Sananès,
président fondateur d'Elabe

# I

# LA POST-VÉRITÉ EST-ELLE UNE FAKE NEWS COMME UNE AUTRE ?

# Erwan Matuchet
Elabe

## Vérité et mensonges : une quête universelle… et chimérique ?

> « *Quand un millier de gens croient à une histoire inventée un mois durant, ce sont des fake news. Quand un milliard de gens y croient un millénaire, c'est une religion.* »
> *Yuval Noah Harari*

Dans l'histoire, il est des dates symboliques qui portent à elles seules, pour des générations et des générations, tout le poids d'une rupture entre deux périodes. L'année 2016 pourrait-elle être de celles-là ?

En novembre 2016, Donald Trump était élu à la présidence de l'une des plus vieilles démocraties au monde, au terme d'une campagne où il avait autant abusé des *fake news* qu'accusé ses adversaires d'en user. Quelques mois plus tôt, au Royaume-Uni, tous les analystes avaient échoué à prévoir le million de voix d'avance des brexiters. En 2016 toujours, le très sérieux *Oxford Dictionary* élisait « *post-truth* » mot de l'année. Moins de dix ans plus tard, la moitié des Français déplore être confrontée à plusieurs *fake news* par semaine[1]. La France, comme toutes les démocraties libérales, aurait donc à son tour basculé dans « l'ère de la post-vérité ».

Basculer d'accord, mais d'où exactement ? Parviendrions-nous à distinguer une ère qui précéderait et qui, logiquement, devrait être celle de la vérité ? Gagnons du temps et évitons-nous quelques torticolis : même en remontant siècle après siècle, jamais nous ne trouverions cette chimérique ère de la vérité. Propagande, désinformation, rumeurs sont étroitement liées à toute société humaine.

### Alors, de quoi la « post-vérité » est-elle le nom ?

Si le qualificatif de « post-vérité » ne désigne pas le contraire de la vérité, gageons qu'il traduit un idéal qui vacille : celui de l'Homme des Lumières.

À l'échelle de nos sociétés, les *fake news* apparaissent comme une nouvelle forme de

1. Elabe, Institut Montaigne et SNCF, en partenariat avec France Info, Baromètre des territoires, 2025.

blessure narcissique. Non pas au sens freudien d'une blessure infligée par la science aux croyances anciennes – comme l'ont été les révolutions copernicienne et darwinienne – mais au contraire par la prévalence de l'irascible irrationalité de l'Homme sur la vérité scientifique, devenue l'objet de sidérantes remises en cause.

Depuis les Lumières, il était convenu que l'Homme allait devenir un être de raison, responsabilisé par la démocratie, éclairé par la connaissance, libéré par l'instruction obligatoire et, plus récemment, augmenté par la technologie. Les ingrédients ont été réunis. Tous. En abondance. Mais le résultat n'a pas encore le goût promis par les penseurs des Lumières.

### Les trois raisons du soupçon

**D'abord, la France ne se relève pas de la promesse déçue de la massification de l'éducation.** Depuis 1995, 75 à 80 % d'une classe d'âge atteint le niveau du baccalauréat. Mais cette massification « sans démocratisation », selon l'expression du linguiste Alain Bentolila, n'a pas résorbé les inégalités et alimente donc « la rancœur de ceux qui sortent perdants du système[1] ». L'espérance déçue et le sentiment d'échec sont des puissants carburants de

1. François Dubet, Marie Duru-Bellat, *L'emprise scolaire*, Paris, Presses de Sciences Po, 2024.

la « post-vérité », qui devient un refuge. « Les personnes qui ont le sentiment de ne pas avoir réussi leur vie sont surreprésentées chez celles qui adhèrent à un plus grand nombre de théories du complot que la moyenne[1] », relève Conspiracy Watch. La massification scolaire n'a pas non plus conduit à une élévation proportionnelle des savoirs et des compétences qui agirait comme un vaccin contre le virus complotiste. Les moins de 35 ans sont les plus perméables aux théories du complot – 28 % des 18-24 ans adhèrent à au moins cinq théories, contre seulement 9 % des 65 ans et plus[2] – et les plus sensibles « aux parasciences et à l'occultisme[3] ».

**Ensuite, la révolution technologique a fait basculer l'information de la globalisation à la communautarisation.** Les algorithmes ont pris le pouvoir sur nos esprits et nos vies. Nous explorons une nouvelle forme de servitude volontaire que La Boétie n'aurait pas reniée : alors que notre confiance en eux est très faible, nous sommes toujours plus

---

1. Rudy Reichstadt, « Enquête complotisme 2019 : les grands enseignements », Fondation Jean-Jaurès, 6 février 2019.
2. *Ibid.*
3. François Kraus, Helen Lee Bouygues, Rudy Reichstadt, « La mésinformation scientifique des jeunes à l'heure des réseaux sociaux », Fondation Jean-Jaurès, 12 janvier 2023.

nombreux sur les réseaux sociaux. Il faut dire que les bulles informationnelles nous enferment dans des réalités façonnées sur mesure. « La différence aujourd'hui est uniquement entre ceux qui en sont conscients et ceux qui ne le sont pas[1] », alerte Giuliano da Empoli. Cette différence-là est le terreau fertile de la diffusion des théories du complot et *fake news*. Or, comme l'a démontré une étude de la Fondation Jean-Jaurès et Conspiracy Watch, « l'attachement à la démocratie [...] diminue à mesure qu'augmente le degré d'adhésion aux théories complotistes[2] ».

**Enfin, la crise informationnelle, en nourrissant insécurité individuelle et menace démocratique, est une dimension majeure des crises contemporaines.** Les Français sont pris de nausée informationnelle. La moitié de nos concitoyens ressentent de la fatigue et du rejet face au traitement de l'actualité dans les médias. En lisant ou regardant les informations, 70 % y voient un reflet déformé de la réalité qu'ils vivent – car trop catastrophiste pour 47 % d'entre eux[3]. Soixante-six pour cent des Français n'ont plus confiance dans

1. Gilles Gressani, « Décoder la campagne permanente, une conversation avec Giuliano da Empoli », *legrandcontinent.eu*, 6 juillet 2024.
2. Rudy Reichstadt, « Enquête complotisme 2019... », 2019, enquête citée.
3. Elabe et al., Baromètre des territoires, 2025.

les journalistes, près de neuf sur dix ont déjà douté d'une information vue sur Internet ou dans un média[1]. Dans ces conditions, comment ceux-ci pourraient-ils jouer le rôle de contre-pouvoir que l'exigence démocratique leur impose d'être ? Trop souvent, ils en sont réduits à un rôle de *fact checkers* que leurs audiences leur dénient comme autant de tentatives de confisquer la désormais sacro-sainte « *freedom of speech*[2] ».

Le doute est bénéfique. Douter, c'est raisonner. Systémique, le doute devient un poison qu'on nomme soupçon. Il est aujourd'hui un nouvel opium des sociétés. Mais à tout poison, il peut être trouvé un antidote.

### La bataille peut – et donc doit – être menée

Ou plutôt les batailles.

**La bataille du récit.** Plus que jamais, l'animal social, éduqué et informé du XXIe siècle, a besoin d'histoires communes pour (sur)vivre. Le récit n'est ni la vérité ni l'opposé de la vérité. « Raconter une histoire », ce n'est pas se payer des mots, c'est créer des communs. Face à la fracture de la post-vérité, le défi des

1. *Ibid.*
2. Guillaume Caline, Laurence Vardaxoglou, « Regard des Français sur la lutte contre la désinformation », Fondation Jean-Jaurès, 5 novembre 2024.

acteurs économiques, sociaux et politiques est de parvenir à produire les récits qui nous ressemblent et qui nous rassemblent. Celui qui porte le récit raconte toujours l'histoire de celui qui l'écoute. Le bon récit n'est pas autocentré, il contient une part d'universel dans laquelle chacun peut se reconnaître. C'est « le héros aux mille et un visages » cher à Joseph Campbell. En projetant le monde, le récit nous projette vers l'avenir. Ce faisant, il ouvre une voie pour avancer ensemble.

**La bataille de la sincérité.** À l'heure de l'archipellisation des récits, tout le monde revendique SA vérité, appelée authenticité, derrière laquelle se cache une cascade de discours autarciques, égotiques et sans filtre. L'authenticité a aussi l'avantage d'être toujours incarnée : pour mieux répandre leurs théories et semer la confusion, les ingénieurs du chaos leur ont donné le visage et les voix de « Mr et Mme Tout-le-Monde », désormais plus crédibles que les experts – 61 % des Français ne font plus confiance aux statistiques publiques. Si pour émerger, l'expression des dirigeants doit désormais s'inscrire dans cette nouvelle exigence d'authenticité, nous préférons leur recommander la sincérité, qui permet de réunir les deux fondements de la crédibilité : l'écoute et la cohérence. L'écoute pour comprendre des attentes évolutives et contradictoires ; mais la cohérence pour ne pas se contenter de réponses opportunistes, court-termistes et in fine démobilisatrices.

**La bataille de l'action.** Le sens se vit. Le récit doit donc être un récit de l'action – progressive et collective – au moment même où nous ne savons plus comment agir, et encore moins comment nous en sortir. L'actualité déployée sans trêve ni frontière sur nos écrans nous saisit et nous dessaisit. On ne sait ni de quoi demain sera fait ni ce qu'on y fera : 63 % des Français ne savent pas à quoi ressemblera leur quotidien dans un monde post-transformation écologique[1] ; 69 % estiment que les médias ne parlent pas suffisamment des solutions. Pourtant, elles existent. Mais bien souvent elles ne sont pas mises en système dans un récit qui nous embarque et nous projette.

Trois batailles pour un même horizon : la confiance. En l'autre, en nous, en un avenir partageable. La confiance naît et grandit dans les récits de la société. Il nous appartient de décider ceux que nous serons capables de nous raconter dans les mois et années de transformation et de cristallisation qui sont devant nous.

Pour les dirigeants, affronter la post-vérité impose de ne pas se tromper de combat.

1. Elabe pour Veolia, Baromètre de la transformation écologique, 2024.

## Une quête de vérité universelle mais inaboutie

L'ère de la post-vérité n'est pas celle du désintérêt des citoyens pour la vérité, mais celle du mépris des « ingénieurs du chaos » pour la vérité racontés par Giuliano da Empoli – qui cherchent moins à faire prospérer des mensonges construits (démarche coûteuse) qu'à semer la confusion. « *Who cares*[1] *?* » balaie un Donald Trump confronté à ses propres affabulations. « On ne sait plus qui croire », déplore l'immense majorité des citoyens déboussolés dans une quête inassouvie de vérité.

La complexité du monde envahit nos vies et nous confronte à « l'effrayante certitude de notre fin » (Schopenhauer). Fin du travail, fin du mois, fin du monde… percutent la promesse du progrès sans limite faite aux citoyens des démocraties libérales.

L'individu a plus que jamais besoin de sens, dans sa double compréhension de signification et de direction. La « fin de l'histoire » a surtout été la fin des récits performatifs : ceux des religions, des idéologies politiques, des grands concepts. Croire à la post-vérité, à une explication parcellaire mais systémique du monde, c'est encore chercher à le comprendre.

1. « Qui s'en soucie ? », en anglais.

C'est remettre de l'ordre dans le désordre, de l'explication dans la confusion, des causes dans les effets. C'est refuser d'être le marginal d'une complexité qui ne peut que me réduire à l'impuissance.

La soif de compréhension et de projection des Français est intacte. Les ingénieurs du chaos n'ont pas encore gagné.

# Christophe Barbier
éditorialiste à BFM TV

## Légitime défense

« Et pourtant, elle tourne ! » Si Galilée revenait, il ne serait pas dépaysé. Sauf qu'à l'époque de l'astronome, l'obscurantisme était à son déclin, percé des rayons de cette aurore qu'on appelait Renaissance. Aujourd'hui, la nuit s'avance, les ténèbres du mensonge et de la superstition gagnent chaque jour sur les lumières de la raison et du savoir. Nous vivons un crépuscule lourd de cauchemars. Ou, comme le clamait une série à succès : « L'hiver vient ».

La vérité est mouvante. La vérité judiciaire est une convention, les vérités révélées ne sont que des croyances, la vérité scientifique est battue en brèche par de nouvelles découvertes. Luigi Pirandello en fit le titre d'une édifiante comédie de mœurs : *À chacun sa vérité* (1917). C'est plutôt à la raison qu'en veulent les prophètes du faux, parce que la vérité est statique quand la raison est dynamique. Et parce que la raison, depuis les Lumières, a bâti le socle de la démocratie. Or c'est cette dernière qu'ils veulent abattre. « Le rationnel, voilà l'ennemi ! » hurle la meute complotiste.

Le démocrate a tort de croire que laisser passer les chimères suffira, que les délires des réseaux sociaux ne résisteront pas au tamis du bon sens, que la toile tissée par la grande araignée de l'élucubration mondiale sera déchirée par les rayons du soleil éducatif. Il n'en est rien. Le faux va désormais plus vite et plus loin que le vrai, il germe en une seconde dans des cerveaux que la raison met des heures, voire des années à cultiver. Et ce chiendent est presque impossible à arracher. Raisonner un complotiste est aussi illusoire que déradicaliser un djihadiste. La patience des démocrates est un mélange d'assoupissement et de naïveté. Assoupissement sur les murailles, tandis que de l'intérieur, l'ennemi nous atteint, dressant les citoyens de la démocratie contre la démocratie. Naïveté, car nous croyons que l'être humain toujours cherche à s'améliorer, à se cultiver, à comprendre le réel aujourd'hui mieux qu'hier. En fait, heureux et paresseux, l'Homme préfère la confortable prison de la certitude à l'exigeante gymnastique du doute méthodique, cette maïeutique de la sagesse. L'*Homo numericus* va au plus facile, et le plus facile mène à la pente du faux. Les abrutis connectés le comprendront un jour, mais il sera trop tard pour eux, et peut-être pour nous. C'est pourquoi, dès aujourd'hui, il faut contre-attaquer, mordre, punir. Essayer de convaincre les complotistes qu'ils se trompent, c'est tenter d'éteindre un incendie avec un pistolet à eau. Il faut interdire, brider, sanctionner. Il faut faire taire, ce qui répugne aux démocrates amoureux de la liberté d'expression, et révulse tout citoyen certain que la contradiction fait avancer le débat, comme la connaissance partagée. Mais parce qu'il est question de légitime défense et de survie, il faut en passer par là. Cela coûte comme il coûte de mener une guerre civile. Mais il en coûterait plus cher encore de se laisser détruire.

Ensuite viendra le temps de la reconquête, de la (re)connaissance. Par les mêmes outils qui font aujourd'hui la force de l'obscurantisme, il sera possible d'entraîner plus d'êtres humains que jamais vers le savoir et le libre arbitre. Cela adviendra vite si nous parvenons à mettre l'intelligence artificielle du bon côté. L'IA peut précipiter la catastrophe, mais aussi accélérer le redressement. Encadrée par une rigoureuse législation, elle sera une bombe à neutrons anti-menteurs. Ne tardons pas à la mettre au point. Et n'oublions pas, selon le précepte de Boris Vian, que « la seule chose qui compte/C'est l'endroit où c'qu'elle tombe[1] ».

1. Boris Vian, « La Java des bombes atomiques », 1955.

# II

## TOUS SUR LES RÉSEAUX SOCIAUX… À SCROLLER SEUL CHEZ SOI

# Charles van den Boogaerde

Elabe

## Après l'hystérie, le retour à l'apaisement de « l'opinion moyenne » ?

*Symptômes, effets ou causes de nos maux collectifs et individuels, les réseaux sociaux sont passés d'une promesse d'un « nouveau monde » à un danger – peut-être – mortel, pour nos jeunes, pour notre santé mentale, pour notre vie collective, pour la démocratie. L'ultra-connectivité hystérisante marque-t-elle un point de non-retour ? Ou est-il encore envisageable de faire machine arrière, pour aller vers un ressaisissement et un apaisement, et pour remettre au centre du jeu ce que l'historien Dominique Kalifa appelait « l'opinion moyenne » ?*

## De l'annuaire des étudiants de Harvard au rêve de l'agora mondiale : chronique d'une promesse non tenue

Au commencement était… la relation. En popularisant le concept de réseau social[1], Facebook a voulu inventer la vie qui va avec, ce que résume sa promesse originelle énoncée par Mark Zuckerberg : « donner aux gens le pouvoir de partager et de faire du monde un endroit plus ouvert et connecté[2] ». Cette vocation démiurgique ne s'est jamais démentie : les bouleversements d'usage générés par les réseaux sociaux ont changé nos modes de vie partout dans le monde, avec une rapidité et une puissance qui obligent à les considérer comme une révolution non pas technologique, mais anthropologique.

Pourtant, une révolution ne peut jamais échapper à sa rencontre avec la réalité : et pour les plateformes, l'enjeu est assez rapidement devenu leur modèle économique et la valorisation de l'extraordinaire gisement de données qu'elles se sont créé, quitte à abandonner la mission qui les avait animées

1. Le premier réseau social serait *sixdegrees.com* (1996).

2. Mark Zuckerberg ajoute la notion de « pouvoir au peuple » à compter de 2017 seulement, actant l'infléchissement de la mission et des usages des réseaux sociaux.

en s'engouffrant dans la brèche de la marchandisation à outrance, là encore ouverte par Facebook. Avec quel succès : en 2024, 57 % des budgets marketing étaient consacrés au digital, un chiffre en croissance constante[1]. Parallèlement, les pratiques marketing se sont transformées pour nourrir en contenus les réseaux sociaux : selon eMarketer, en 2023, les dépenses marketing consacrées aux partenariats sponsorisés ont augmenté trois fois plus vite que celles dédiées aux dépenses publicitaires. Cercle vertueux pour les bilans financiers des plateformes : pour exister dans ce monde en ligne, entreprises et individus doivent multiplier les stratégies payantes, comme la certification de X réservée aux comptes payants ou la nouvelle politique de LinkedIn pour les contenus d'entreprise.

Le modèle commercial et financier des réseaux sociaux conduit à une âpre concurrence pour l'audience et, plus encore, pour la détention de données. Cela, c'est le job des algorithmes, reprogrammés pour la personnalisation. Comment s'étonner dès lors de la créativité des plateformes en matière de ciblage ? D'une agora soi-disant ouverte,

1. Étude du cabinet Gartner : Kévin Deniau, « Les responsables marketing voient leur budget s'effondrer depuis la pandémie », *isarta.fr*, 28 juillet 2024.

où l'on pouvait se bercer de l'illusion d'être exposé à tous les courants de pensée, on passe à une « balkanisation » de l'opinion : bloquée dans des silos, privée de substrat commun. Nos idées frappent les murs de chambres d'écho décrites par David Chavalarias et cartographiées sur plusieurs années par son outil Politoscope (pour ce qui concerne le monde des médias et de la politique française) : elles nous enferment dans le flux sans cesse renouvelé de nos opinions déjà constituées. Frances Haugen, lanceuse d'alerte Facebook, établit par exemple que 80 % de la désinformation liée au covid a ciblé moins de 4 % des utilisateurs. Et cette réalité, bien maîtrisée par les « fermes de bots » russes, l'est également par les responsables politiques européens, notamment à l'extrême droite et à l'extrême gauche, à l'instar de Matteo Salvini dont l'émergence sur la scène politique italienne est – entre autres – liée à la mise au point par ses équipes d'une véritable machine de propagande en ligne, baptisée « *la bestia*[1] ».

1. « La bête », en italien. Julien Giudicelli, « De la bête politique à la bestia numérique », in Michaël Bardin, Sylvie Schmitt (dir.), *État, droit et mutation numérique. Regards croisés sur la dématérialisation*, Aix-en-Provence, Presses Universitaires d'Aix-Marseille, 2023.

Tout cela, les Français le pressentent : si les réseaux sociaux talonnent les médias traditionnels en tant que sources d'information, 55 % d'entre eux craignent d'y être exposés à des *fake news*[1] ; 84 % n'ont pas confiance dans les influenceurs (dont 62 % pas confiance du tout !), et si les jeunes y sont marginalement moins rétifs, leur défiance reste de mise face à ces nouvelles voix : 74 % des 18-24 ans et 73 % des 25-34 ans ne leur font pas confiance (dont 45 % et 46 % pas confiance du tout)[2].

## La fin de l'idylle

La puissance ne créerait donc pas l'attachement ? Les premiers symptômes d'une forme de désamour pour les grandes plateformes sociales apparaissent nettement. Selon Destin Commun[3], 50 % des Français préféreraient vivre dans un monde où les réseaux sociaux n'auraient jamais été inventés ! La passivité en est une des manifestations : aux États-Unis mêmes, la part de gens déclarant aimer poster en ligne est passée de 40 % à 28 % entre 2020 et 2024. En 2022, 38 % des utilisateurs français se servaient des plateformes avant tout pour communiquer avec leur sphère

1. Sondage BVA pour l'Arcom, mars 2024.
2. Elabe et al., Baromètre des territoires, 2025.
3. Sondage, mai 2024.

privée (messageries ou groupes fermés), contre 22 % en 2019, selon une étude de Dentsu Data Labs[1].

Ce n'est pas le signe de la mort du réseau social. C'est la preuve d'une modification des usages, vers une plus grande diversité et une plus grande « customisation ». L'idée d'une grande plateforme hégémonique qui nous réunirait tous est bel et bien enterrée. Aujourd'hui triomphent, tous usages (personnels, professionnels, institutionnels) confondus, les boucles fermées, Telegram, Signal, WhatsApp (de Meta) et les réseaux affinitaires. Mastodon (plus de 10 millions d'utilisateurs), inspiré de Twitter, permet une entrée par proximité géographique ou affinitaire ; Nextdoor (88 millions d'utilisateurs dans onze pays) propose de socialiser à l'échelle du quartier ; Letterboxd réunit 17 millions de cinéphiles – ils étaient 1,8 million début 2020 – grâce à l'engouement des jeunes. À chaque passion son réseau : comme il n'y a pas que le cinéma dans la vie, Ravelry, dédié au tricot, comptait 11 millions d'utilisateurs en 2023.

1. « Étude : comment se comportent les Français sur les réseaux sociaux », *comarketing-news.fr*, 9 septembre 2022.

Selon Hootsuite[1], l'utilisateur moyen se connecte désormais à sept plateformes différentes par mois, témoignant de la volatilité de nos attachements et de la pluralité de nos attentions. Et cela met en lumière un « paradoxe de l'algorithme »: une part de la donnée continue de lui échapper. Quelle chance a-t-il alors d'être aussi pertinent et satisfaisant qu'un « forum » affinitaire reflétant mes intérêts directs? Et on connaît notre intolérance croissante à la publicité qui finance nos contenus et les « pollue ». Bref, la puissance de nos mastodontes numériques commencerait-elle à être fragilisée?

## Nous rassembler grâce aux ruptures technologiques : et si les réseaux sociaux se mettaient enfin au service du besoin de récits partagés ?

Le monde des réseaux sociaux de demain évolue vers ce qu'Ethan Zuckerman[2] appelle un monde de VSOP: pas de cognac malheureusement[3], mais des *very small online*

---

1. Outil de gestion de réseaux sociaux créé par Ryan Holmes en 2008.
2. Universitaire et activiste, auteur de *Rewire. Digital cosmopolitans in the age of connection*, New York, W. W. Norton & Company, 2013.
3. VSOP étant aussi l'abréviation de « *very superior old pale* » pour qualifier un cognac, signifiant « qualité très supérieure, vieille et pâle ».

*platforms*[1], qui se substitueront aux grandes plateformes à visée holistique.

Il ne sera plus possible pour un politique ou une entreprise de se bercer de l'illusion que l'on « parle au monde » en investissant un ou deux grands réseaux sociaux – illusion qui a existé, comme le montre l'exemple du journaliste Julien Pain voyant en Twitter « une agora où l'on peut "tâter" le pouls des Français[2] ». L'illusion (et l'enthousiasme) pour des plateformes *émancipatrices* imaginées lors des printemps arabes semble également bien loin.

Une illusion, voire un hégémonisme, s'éteint bel et bien. Pour la société, pour les individus comme dans la vie politique, cela peut être l'opportunité de recréer et de faire vivre « l'opinion moyenne ». Cette nécessité s'était déjà imposée en France à un moment de clivage irréductible et d'extrémisation : l'affaire Dreyfus. Perrine Simon-Nahum, citant Dominique Kalifa[3], établit que les patrons de presse, qui avaient été à la manœuvre de l'affrontement sociétal et politique, ont compris

1. « Très petites plateformes en ligne », en anglais.
2. Post LinkedIn de Julien Pain : <https://www.linkedin.com/posts/julienpain_message-%C3%A0-mes-confr%C3%A8res-journalistes-et-activity-7285943599274319873-BDq7/?originalSubdomain=fr>.
3. *Le 1* spécial affaire Dreyfus, mars 2025.

que leur intérêt à plus long terme était dans le consensus médian plus que dans la polarisation. Et se sont accordés pour y revenir, apaisant ainsi une société qui se déchirait.

Peut-être approchons-nous d'un virage semblable, après l'épuisement généré par l'hystérisation et la « bullisation ». À l'heure où les citoyens « lambda » se détournent de X pour privilégier les messageries, la radicalisation nécessaire pour exister sur la plateforme ne fera qu'amplifier le phénomène de fuite, dans un effet Larsen. Un paradis pour militants chauffés à blanc deviendra vite inutile à une entreprise comme à un homme politique cherchant à toucher le plus grand nombre de consommateurs ou d'électeurs. Et si je souhaite être élu aux prochaines municipales, j'aurai plutôt intérêt à essayer d'investir les boucles WhatsApp des parents d'élèves ou du club de football de ma ville – boucles dans lesquelles la prime à l'outrance sera plus mesurée et la tonalité des échanges plus proche et plus impliquée.

Nécessité comme toujours fera loi: le modèle économique des plateformes repose entièrement sur un microciblage dont nous avons établi qu'il était en voie de disparition et dont on sait qu'elles auront à cœur (et la puissance) de le regénérer.

## Nouveau paradigme pour les entreprises : du « tous azimuts » à la recherche d'une adhésion véritable

Pour les entreprises, un nouveau paradigme naîtra peut-être aussi, les incitant à prendre du recul sur leurs approches marketing et de communication :

– pour, d'une part, lucidement évaluer leurs pratiques sociales : la démultiplication des points de contact avec leurs audiences conduit à un surinvestissement de ressources dans les réseaux sociaux, qui sont par ailleurs seuls à maîtriser les data de performance, obérant de fait la capacité à prendre des décisions objectivées en interne ;

– d'autre part et paradoxalement, pour réinvestir le commun : l'image, la réputation et la puissance de marque reposent sur la capacité des entreprises à créer autour d'elles de « l'opinion moyenne », c'est-à-dire un impact suffisamment large et consensuel pour générer de l'adhésion à leur vision. Le capital image est le capital que « l'opinion moyenne » accorde aux marques parce qu'elle les connaît, les reconnaît et s'y attache, au-delà de leurs produits et des vicissitudes d'une conjoncture multicrisogène ;

– pour, enfin, analyser, identifier et exploiter les communautés d'intérêt existant au sein et autour d'elles afin de capitaliser sur la décentralisation des réseaux sociaux et la tourner à leur avantage. Plus que jamais, les entreprises ont à travailler l'adhésion de leurs parties prenantes à leur ADN, à leur culture et à leur esprit, par nature singuliers, sincères et infalsifiables. Leurs actifs immatériels voient leur valeur s'envoler quand il s'agit de maintenir l'engagement des collaborateurs, la préférence des clients et des partenaires, et la capacité d'adaptation dans un presque inédit environnement BANI[1].

La constitution d'une « opinion moyenne » est une aspiration paradoxale dans une époque marquée par les fractures politiques, géopolitiques, sociétales et peut-être même intimes. Nous avons pourtant la chance de pouvoir en faire un horizon partagé et désirable, vers lequel dirigeants politiques et économiques pourront avoir à cœur de nous conduire, mettant à profit les étonnantes possibilités créées par les mutations des réseaux sociaux – et surtout par ceux qui s'en servent.

1. Fragile (*Brittle*), Anxieux, Non-linéaire et Incompréhensible. Inventé par le futurologue Jamais Cascio en 2018, BANI succède à VUCA, *Volatility* (Volatilité), *Uncertainty* (Incertitude), *Complexity* (Complexité) et *Ambiguity* (Ambiguïté).

# Stéphane Pallez
PDG de FDJ UNITED

## Comment maintenir le lien social ?

« Si c'est possible, alors pourquoi pas moi ? » : c'est le genre de question qui peut naître sur les réseaux sociaux. C'était en tout cas l'un des objectifs de la campagne en ligne « Alice au pays des Merveilleuses Entrepreneures », lancée en 2024 par SISTA et pour laquelle j'ai eu la chance de témoigner aux côtés de Léa Salamé, Arbia Smiti et Kelly Massol, pour rappeler que oui, on peut être une femme et diriger une grande entreprise !

En ouvrant des fenêtres sur des sujets et des parcours autrement peu visibles (voire invisibilisés), les réseaux sociaux peuvent contribuer à faire bouger les lignes. Ils nous ont également permis, en tant que dirigeants d'entreprise, de nous installer pleinement au cœur de la Cité en partageant notre vision et nos engagements avec un large public.

Mais ils ne peuvent pas tout, ou du moins, ils ne peuvent pas tout quand ils sont utilisés seuls. Alors que les bulles informationnelles se multiplient et que la lassitude numérique nous guette, il est essentiel de considérer digital et physique comme les deux facettes d'une expérience globale, au risque, autrement, d'affaiblir le lien social que l'on tentait justement de nouer.

Chez FDJ UNITED, nous en faisons le constat aussi bien pour nos 5 000 collaborateurs qui travaillent ensemble depuis une vingtaine de sites que pour nos clients. En effet, si depuis le covid, les consommateurs sont en quête de toujours plus de personnalisation et de liberté, qu'ils plébiscitent les expériences en ligne et qu'ils sont de plus en plus nombreux sur nos sites et applications, cela ne veut pas dire que les points de vente sont délaissés, bien au contraire ! Les plus de 29 000 commerçants partenaires de notre réseau animent de véritables lieux de rencontre, de sociabilisation, d'ancrage dans les territoires et leur culture. Et de plus en plus de ponts se créent entre les deux mondes : par exemple avec les jeux dits « phygitaux », que l'on commence en point de vente et pour lesquels la partie peut ensuite se poursuivre en ligne.

Cette capacité à naviguer entre deux univers qui s'enrichissent mutuellement résume le rapport que l'on peut avoir avec les réseaux sociaux. Ils sont une source d'inspiration, de découvertes, ils ouvrent le champ des possibles… Mais nous ne devons pas oublier qu'ils n'ont pas vocation à « faire société ». Ils sont un complément, une extension d'un monde réel dans lequel continue à se jouer l'essentiel et auquel il serait dangereux qu'ils se substituent. Car je reste convaincue qu'aucun collectif, aucune vraie histoire, aucune réussite ne peut se construire totalement hors sol ou en ligne !

Jean
Viard
directeur de recherche
au CNRS

## La société du double proche : le paradoxe des liens sociaux

Paradoxalement, le numérique a renforcé les liens sociaux de proximité. Parce que nous sommes désormais tous des animaux numériques – nous passons en moyenne quatre heures[1] par jour sur des écrans pour nos usages personnels, auxquelles s'ajoutent pour les cols blancs huit heures d'ordinateur – nous communiquons et interagissons différemment :

– à distance et en permanence, au travail, dans nos familles, avec le reste de la société et du monde. Les jeunes pour l'essentiel ne connaissent la culture que par le numérique ;

– ET en même temps, à côté de nos liens numériques, nous restons dans une recherche toujours aussi présente de proximité.

1. Un quart de notre temps éveillés, Baromètre du numérique, 2025.

Si le numérique représente l'aspect quantitatif et pragmatique de nos relations, la proximité physique, presque charnelle, incarne son aspect qualitatif, nécessaire pour un équilibre de vie sain. En étant conséquents avec le constat que les individus les plus connectés sont aussi les plus sociaux, on peut prendre pour hypothèse que les réseaux sociaux augmentent significativement notre sociabilité.

L'« ultramoderne solitude » est plus un sentiment qu'une réalité objectivable – sauf malheureusement et de manière inquiétante – dans la jeunesse. Nous sommes fondamentalement une société du lien. Nous effectuons en moyenne quarante interactions quotidiennes, avec notre entourage mais aussi les individus que nous rencontrons au cours de notre journée, de la concierge à l'inconnu croisé dans l'escalier. Il me semble donc que les liens de proximité se portent bien. Nous cherchons du local : sortir dans la rue, croiser des corps, voir des gens au marché, à la salle de sport, à la mosquée, à l'église, dans les associations, dans l'entreprise, avoir des rapports directs, réels.

Il suffit d'observer comment les lieux d'interactions sociales physiques sont plébiscités : pour nos congés et nos loisirs avec comme symboles le succès des Jeux olympiques, du sport, du tourisme et de la gastronomie en général. Mais aussi pour notre vie professionnelle. On compte en France près de 2 600 tiers-lieux, espaces par excellence d'interactions. Le tiers-lieu, c'est la concrétisation du rêve d'un travail de proximité. C'est aussi un accès à la discussion : dans l'entreprise, nous sommes tous les mêmes, avec les mêmes dirigeants, les mêmes syndicats, les mêmes objectifs, donc on (s')y parle toujours de la même chose. Dans un tiers-lieu, il est possible d'éprouver et d'exprimer une grande diversité d'opinions (et de relations), avec des voisins de travail qui ne sont pas des collègues de travail.

Nous continuons à chercher la présence physique au sein de l'entreprise aussi. Nous y éprouvons notre appartenance à un groupe social (esprit corporatif d'entreprise), l'amicalité (machine à café), le plaisir de suivre des projets communs (réussite d'entreprise) et même l'amour. Vous décrivez l'attachement nouveau des Français à l'entreprise. Je vous propose une façon différente d'étayer votre analyse : plus de 40 % des salariés vivent des relations sentimentales au sein des entreprises, la moitié se transforme en couples stables...

Mais dans nos espaces de travail, les échanges numériques, qui sont une prolongation des interactions humaines, se substituent souvent à celles-ci. La diffusion du télétravail et de ses bénéfices pour les salariés (temps de transport) et pour les entreprises (économies budgétaires) interroge le développement à terme de relations de proximité au sein du monde du travail. Or l'entreprise ne doit pas perdre de vue sa fonction de réassurance de ses collaborateurs, que le numérique ne peut en aucun cas apporter et qui repose sur les contacts physiques. Voir ses collègues, croiser les personnes de l'accueil, retrouver des lieux et des visages familiers, c'est pour le salarié la façon la plus simple et la plus légitime d'être rassuré sur son rôle social.

Nous sommes donc entrés, avec les réseaux sociaux, dans ce que j'appelle la société du double proche, au sein de laquelle nos liens sociaux, sous la double dynamique du numérique et du local, s'étoffent, se transforment et se renouvellent.

# III

## DÉBAT POLITIQUE, DÉBAT D'OPINION : LE GRAND MALENTENDU

# Vincent Thibault

Elabe

## Le consensus a-t-il un porte-voix ?

Immigration, sécurité, inégalités sociales, écologie, laïcité sont autant de sujets de confrontation entre forces politiques.

La politique depuis 2022, et encore plus depuis la dissolution de l'Assemblée nationale en juin 2024, n'est plus qu'une immense mise en scène du conflit et du ressentiment, de l'impossibilité de débattre, de réconcilier et, au final, d'être efficace.

L'Hémicycle est devenu le lieu privilégié de la comédie de l'affrontement. L'étude de l'Institut du bien-être, « La fièvre parlementaire : ce monde où l'on catche[1] ! », avance que l'Assemblée nationale se serait progressivement

1. Yann Algan, Thomas Renault, Hugo Subtil, « La Fièvre parlementaire : ce monde où l'on catche ! Colère, polarisation et politique TikTok à l'Assemblée nationale », Note de l'Observatoire du bien-être n° 2025-01, *cepremap.fr*, analyse par IA

muée en « Assemblée spectacle » où triomphe la « nouvelle violence politique ». L'arène politique est devenue une arène de catch, l'agora privilégiée de l'élite politico-affairiste américaine.

Jamais les incidents et sanctions n'y ont été aussi nombreux.

Jamais les débats télévisés n'ont été aussi compliqués à diriger, aussi peu audibles et ne sont apparus aussi stériles.

Jamais les réseaux sociaux n'ont autant imposé leur loi, « tiktoïsant » la politique : les représentants de la Nation conçoivent leurs prises de parole en fonction de leur potentiel viral – soit moins de une minute trente de provocations, d'accusations, si possible de contre-vérités : « L'Assemblée nationale semble être devenue un studio d'enregistrement pour réseaux sociaux[1] ».

En bref, jamais les sujets de désaccords n'ont paru aussi nombreux. Jamais (depuis longtemps) la vie politique n'est apparue aussi fracturée et violente.

La fin du « bipartisme à la française » n'a pas fait disparaître les clivages. Au contraire, avec le paysage parlementaire et exécutif issu de la dissolution, le consensus semble devenu impossible dans le débat public.

---

de 2 millions de prises de parole des députés entre 2017 et 2024.

1. *Ibid.*

Et pourtant.

En décalant notre regard du personnel politique vers les citoyens, le spectacle du désaccord permanent entre forces politiques s'avère être une représentation déformée et déformante de l'état de la société française.

L'affrontement politique exacerbé se présente comme le reflet d'une société archipellisée et clivée. Il ne donne de l'état réel de l'opinion qu'une image trompeuse, entretenant des malentendus que les Français sont pourtant prêts à dépasser.

Les « vraies » préoccupations des Français n'y tiennent que trop peu de place. Un autre effet de bord du grand malentendu est la perte de confiance des Français dans le personnel politique et, plus grave peut-être, dans l'intérêt comme dans l'efficacité de la politique[1].

Les débats du palais Bourbon et sur les chaînes d'information ne reflètent plus les débats du « Café de la gare » ou du « Bar des sports », qui s'en sont autonomisés sur presque tous les marqueurs choisis par la classe politique.

Par exemple, les Français se rassemblent sur les enjeux de l'immigration : la position « Je pense que les apports des étrangers sont positifs pour un peuple, à condition qu'ils ne

1. Cevipof-Opinion Way, Baromètre de la confiance des Français, vague 16, 11 février 2025.

dépassent pas une proportion » fédère 71 % d'entre eux. Elle est majoritaire dans tous les électorats : Ensemble (94 %), LR (86 %), RN (69 %) et NFP (60 %)[1].

Sur le rapport à l'autorité, nourri par un sentiment de déclassement et une montée de la vulnérabilité, les Français se retrouvent également[2] : 88 % partagent l'idée que le recul de l'autorité est un problème majeur dans la société française, de 96 % des électeurs de Marine Le Pen à 78 % de ceux de Jean-Luc Mélenchon.

Le sentiment d'injustice sociale grippe toute évolution du modèle français : 75 % des Français sont d'accord pour juger la société injuste – 88 % des électeurs RN, 77 % de ceux du NFP, 69 % de ceux de LR et 59 % de ceux d'Ensemble.

Quatre-vingt-deux pour cent des Français estiment urgent de réduire la dette publique, dont le fardeau leur est insupportable. Et, à nouveau, tous les électorats partagent le même regard : 90 % des électeurs LR, 90 % de ceux d'Ensemble, 86 % de ceux du RN, 74 % de ceux du NFP s'accordent sur l'urgence à agir.

Au cœur du mal-être français, l'obstruction de l'avenir : là encore, le consensus s'établit,

---

1. Elabe pour BFMTV sur les propos de François Bayrou au sujet de l'immigration, 29 janvier 2025.
2. Elabe et al., Baromètre des territoires, 2025.

quel que soit le choix électoral, pour redouter la dégradation des conditions de vie à cause du dérèglement climatique, 60 % des électeurs NFP, 55 % de ceux de LR, 50 % pour Ensemble et 46 % pour le RN.

Le consensus n'est finalement pas si loin lorsqu'on tend l'oreille vers les citoyens. Car la demande d'écoute est forte et insatisfaite.

Au-delà de la « taxe carbone » qui en avait été un déclencheur, la dénonciation d'un manque d'écoute, l'aspiration à une démocratie plus directe (non manipulée) étaient au cœur des revendications des Gilets jaunes. Ils traduisaient une attente de la société. On les a escamotées : mais les conventions citoyennes, lieux de débats entre citoyens nourris par les acteurs de la société civile, ont prouvé la possibilité de construire des consensus. Les quelque 300 citoyens qui y ont planché ont fait exactement l'effort de compréhension, d'écoute et de décision qu'ils attendent de leurs représentants. De même, les entreprises réussissent-elles, sur des transitions complexes, à créer un consensus interne – et souvent avec leurs parties prenantes externes – en s'appuyant sur la pédagogie, l'intelligence collective et la recherche partagée d'efficacité.

Loin de nous l'idée qu'il faudrait effacer les clivages. Ils existent, et ils sont un moteur de la démocratie. Mais les consensus existent également : écouter l'opinion leur permet d'émerger et de libérer leur capacité à accélérer l'action publique.

Sans naïveté aucune, notre constat n'ignore pas les actuels désaccords profonds : les modalités de réforme du système de retraite, les modalités d'octroi des aides sociales, l'utilisation de l'expression « submersion migratoire » pour qualifier l'immigration en France, les responsabilités dans le déclin de la France, l'attachement à l'Union européenne… Il reconnaît simplement l'effacement de clivages historiques.

« Les séances les plus colériques se terminent souvent par des votes consensuels en faveur des textes », note d'ailleurs l'Institut du bien-être.

Ne reniant pas ses valeurs, ne renonçant pas au débat, l'élu a le devoir d'être un représentant de ses électeurs ; de dire ses colères, ses impatiences, ses mécontentements. Mais il a aussi le devoir de donner de la voix aux consensus « à bas bruit » qui traversent la société.

# Jean Garrigues

professeur émérite d'histoire contemporaine, président de la Commission internationale pour l'histoire des assemblées d'État

## Le modèle républicain plus fort que la crise démocratique ?

La France, plus encore que les pays voisins, traverse une crise de fatigue démocratique, qui tendrait à nous faire penser que le débat, les institutions et les acteurs politiques sont aujourd'hui totalement déconnectés des attentes des citoyens. À cette interprétation pessimiste, l'historien oppose l'expérience du passé et les nuances du présent. Rappelons en effet que la contestation violente des institutions et de ses représentants a été récurrente depuis que la démocratie parlementaire s'est installée en France. La dénonciation de l'impuissance des gouvernants et des élus, l'antiparlementarisme, la mise en accusation des élites par ceux qui disaient parler au nom du peuple: ce fut un leitmotiv de la crise boulangiste des années 1880 puis de l'extrême droite nationaliste des années 1930 comme des poujadistes et des staliniens des années 1950.

Il faut néanmoins reconnaître que la période actuelle est une sorte d'acmé dans cette tumultueuse histoire du rejet démocratique, car le système politique semble à bout de souffle, sans perspective de régénération. Il manque la perspective de repenser l'espace démocratique qui animait par exemple les reconstructeurs de 1945 ou la jeunesse en révolte des années 1960. La dislocation du sentiment civique dans une société de l'hyperindividualisme et du communautarisme, lié à l'échec des réponses politiques aux angoisses sociales, écologiques ou identitaires, a conduit à un débat public marqué par la violence et le populisme. La crise des Gilets jaunes et celle des retraites ont révélé à quel point les citoyens ne se reconnaissaient plus dans le fonctionnement de la Cinquième République, ou plus exactement dans sa dérive présidentialiste. Une majorité d'entre eux se disent favorables à une nouvelle Constitution, mais leurs choix électoraux traduisent leur hésitation entre plus de verticalité ou d'horizontalité, plus d'autorité ou de démocratie directe. De fait, la tripartition du paysage électoral semble conduire à l'impuissance gouvernementale et au chaos politique. Toutefois, de nombreux indices contredisent cette perspective apocalyptique, à commencer par le réflexe spontané de rassemblement patriotique qui a marqué les Jeux olympiques de Paris. L'idée du Front républicain, si artificiel soit-il, démontre par ailleurs un attachement à un corpus de valeurs et de symboles qui peut encore rassembler. À condition de se régénérer par un narratif crédible de positivité, similaire à celui des pères fondateurs de la Troisième République ou des bâtisseurs de l'État-providence, à condition de répondre clairement à la demande de protection sociale, écologique, sécuritaire et identitaire, ainsi qu'à l'exigence de démocratie participative, le « modèle » républicain français paraît en mesure de surmonter la crise de découragement qui l'accable depuis une décennie.

# IV

## LE PROCHE ET LE LOIN : L'OPINION MISE À L'ÉCHELLE

# Benoit Viala

Elabe

## Le glocal est mort, vive la nouvelle proximité !

### L'invention du loin

Dans les grands bouleversements français, le rapport à l'espace : le XXe et le XXIe siècle, en abolissant le lointain, ont façonné une géographie mondialisée aux frontières redéfinies.

Les nouveaux imaginaires qui en ont surgi n'ont cessé d'être mis à l'épreuve des chocs successifs – historiques, politiques, technologiques, environnementaux et sanitaires – de ces époques mouvementées. Que nous reste-t-il du « village planétaire » et de « l'auberge espagnole » si libres et si optimistes de la « mondialisation heureuse » ? Dans quelle faille ont disparu la curiosité et l'esprit de liberté des générations *low cost*, toujours promptes à s'envoler pour l'un ou l'autre des bouts du monde ?

## Un paradigme battu en brèche dans les représentations des Français

La vision du proche et du loin des Français n'a cessé d'évoluer, au gré des événements qui les ont marqués : reconfigurations de l'Europe, entre unions et nouvelles confrontations ; révolutions technologiques et mutations du travail ; urbanisations et migrations ; crises sanitaires et catastrophes environnementales. Tendances de fond et crises ponctuelles ont conduit à une transformation, souvent décrite comme un repli, de leur représentation des espaces auxquels ils se confrontent.

Dans cet espace à géographie variable, le loin est aujourd'hui battu en brèche, parce qu'il est devenu la source de nos plus grandes pertes et de nos plus grandes peurs : perte d'identité (immigration et crise démographique), perte de souveraineté (déclin et rivalités), perte de la paix (rupture de l'alignement Europe-États-Unis et retour de la guerre), pertes économiques avec la guerre commerciale lancée au monde entier par les États-Unis.

Dans le miroir du lointain, les Français ne se reconnaissent plus : 72 % estiment que l'identité de la France est menacée, dont 64 %

par l'immigration[1]. Loin, l'herbe n'est pas plus verte : 87 % de nos concitoyens se sentent bien dans leur quartier, 65 % sont attachés à leur ville, 42 % à l'Union européenne… Ailleurs me menace, moi, mon emploi, ma tranquillité, mon pays. Au déclin objectivé – mais non expliqué – de la France dans le classement des puissances mondiales, les Français opposent leur quête de souveraineté : huit sur dix veulent que leur pays soit en capacité de produire ce dont ses habitants ont besoin[2] et moins d'un sur dix pense que la France doit continuer à échanger avec le reste du monde[3].

En réponse aux lointains menaçants, les Français vulnérabilisés[4] se replient sur le proche. Bulle protectrice ou nouveau terrain de réalisation et d'action ?

## Le pouvoir du proche

Depuis ce qu'il serait nécessaire de qualifier de traumatisme du confinement de 2020, où mon prochain était un danger mortel et où seul l'isolement pouvait, peut-être, me sauver[5], de nouveaux essentiels sont apparus dans

1. Elabe et al., Baromètre des territoires, 2025.
2. Elabe-*Les Échos*, 2022.
3. Elabe, 2024.
4. Elabe et al., Baromètre des territoires, 2025.
5. Discours des autorités publiques de février 2020 à novembre 2021.

l'opinion française. Et l'échelle de l'espace désirable a changé. L'hyper proche fonctionne comme une bulle de protection face à l'illisibilité menaçante du monde : hyper proche des circuits courts[1] et du *made* chez moi ; hyper proche de la place du village qui redessine un idéal de vie harmonieuse et maîtrisée[2] ; hyper proche des cercles familiaux et amicaux, nouvelles priorités des Français. Pour se sentir bien, neuf Français sur dix privilégient leur vie familiale, « quelques amis très proches », et les petits bonheurs du quotidien[3].

La proximité donne espoir dans la possibilité de créer et maintenir un lien sincère et durable : 66 % des interviewés ont confiance dans les gens qui vivent autour d'eux, 56 % dans leur employeur, 46 % dans les entreprises en général, 53 % dans leur maire contre 30 % dans leur député. Face à l'expérience contemporaine de la solitude, 79 % jugent qu'il fait bon vivre dans leur quartier, dans leur commune[4], où l'on se parle calmement[5], où l'on s'entraide[6], où est possible cette vie tranquille à

1. Remis en cause par la crise du pouvoir d'achat.
2. Obsoco-Citeo, Observatoire de la Consommation responsable, 2020.
3. Pour 75 % d'entre eux, Elabe et al., Baromètre des territoires, 2025.
4. Pour 58 %, *ibid.*
5. *Ibid.*
6. Pour 75 % des interviewés, *ibid.*

laquelle ils aspirent d'autant plus que tout, de la guerre aux pandémies en passant par la faillite du modèle français, converge pour la menacer.

L'hyper proche est un facteur de stabilité, de sécurité et d'épanouissement dans un contexte de multivulnérabilités qui fait de la protection le premier besoin des Français.

Et pourtant, les Français le vivent et ne peuvent l'ignorer : l'apparente opposition du lointain et du proche n'est ni opérante ni durable.

## Une confrontation stérile et dangereuse

Les Français sont conscients de la planétarisation des enjeux. La crise climatique et celle des ressources, les révolutions technologiques, la sécurité alimentaire et énergétique et même la préservation de leur pouvoir d'achat se jouent à une échelle globale. Il leur apparaît clairement que ni la dimension nationale ni la plaque continentale ne sont plus suffisantes : avec les ruptures géopolitiques récentes, c'est tout l'espace occidental qui est en recomposition rapide et incertaine. Quant aux souhaits de réindustrialisation, ils se heurtent par ailleurs à la réalité du « *not in my backyard*[1] » : nous nous sommes habitués à exporter pollutions et impacts sociaux de nos modes de production.

1. « Pas dans mon jardin », en anglais.

La proximité de repli et de refus ouvre la porte à deux risques majeurs : la perte de notre identité et la communautarisation.

Perte d'identité : ne plus se concevoir que comme un élément d'un territoire mondialisé, c'est accepter de se réduire et, finalement, de se perdre. Nos concitoyens, qui marquent un attachement nostalgique à la beauté et à la grandeur de leur pays, font le constat du désastre : 23 %[1] sont optimistes pour l'avenir du vivre-ensemble en France. Et ils peinent à retrouver dans le discours public une réconciliation de leurs horizons qui leur permette d'inventer notre nouvelle frontière individuelle et collective.

Communautarisation : le proche, le très proche, soumettent les Français aux risques du repli, de l'évitement et de la confrontation, dont les traductions électorales sont manifestes dans toute l'Europe.

Un dépassement des dimensions actuelles du loin et du proche est donc nécessaire pour rassembler les Français.

Le glocal est mort.

Vive la nouvelle proximité réinventée à l'échelle de l'individu et de ses besoins.

---

1. *Ibid.*

## L'horizon réinventé de la nouvelle proximité

Des acteurs incarnent cette réinvention d'une proximité du quotidien et du lien. Ils ont la possibilité de remettre l'individu – citoyen, consommateur et collaborateur – au centre de leurs discours, pour être en phase avec leurs besoins et pour conserver leurs marges de manœuvre.

Les « entreprises-cités[1] », dont le lien avec leurs collaborateurs et leurs consommateurs n'a jamais été aussi désiré et donc aussi fort, proposent une extension de leur domaine de responsabilité. Les entreprises préférées des Français sont des entreprises utiles au quotidien[2], dont la nationalité compte moins que la capacité à améliorer concrètement la vie. Elles peuvent être aussi internationales et aussi locales que la SNCF, présente dans tous les territoires, lointains et proches, ou que… McDonald's, français en France, américain partout. Elles peuvent être aussi universelles que particularistes, comme le démontrent les industries culturelles

---

1. En référence aux cités-États du Moyen Âge qui assuraient la sécurité et la prospérité de leurs citoyens dans les périodes de conflits et de crises, Michel Pébereau dans la *Société de défiance généralisée* (Havas, 2002).
2. Ifop-*JDD*, avril 2024.

préservant une indispensable diversité face au risque d'appauvrissement et d'uniformisation de la culture « IA-générée ». Elles peuvent être digitales et physiques, comme les grandes marques de distribution.

Au-delà des entreprises, l'ensemble des décideurs agissant dans leurs territoires ont le potentiel d'être les gagnants de la nouvelle proximité. Collectivités publiques, associations, professionnels et entrepreneurs ont préservé leur capital confiance grâce aux résultats concrets de leur action et à leur connaissance d'un écosystème complexe mais maîtrisé. Pour réussir à entrer dans le cercle d'intimité des Français, ils se comporteront en catalyseurs, constituant autour d'eux des alliances diversifiées et adaptatives. Grâce à la matérialité de territoires à la topographie connue et identifiée, ils ont la capacité à assumer et résoudre les injonctions paradoxales de l'efficacité et de la protection, de l'individuation et de la citoyenneté, du local et du global. Ce qu'illustrent les pôles de compétitivité, bassins de travail, d'innovation et de vie transgéographiques mais ancrés physiquement et symboliquement dans leur région.

Enfin, il revient une charge particulière à la société civile à travers ses enseignants, ses intellectuels et ses médias : celle de réussir à donner aux Français les clés pour comprendre, lucidement et sans panique, un espace en pleine mutation, où la planète elle-même n'est plus qu'un confin parmi d'autres et où l'hyper proche n'est pas forcément là où l'on pense.

Après les décennies d'euphorie de la mondialisation, le rapport à l'espace est à son tour une rupture qui nous rassemble. Concilier le loin et le proche dans une nouvelle proximité permettra de rouvrir l'horizon non seulement géographique mais surtout social et mental de nos concitoyens.

# Jean-Pierre Farandou

PDG du groupe SNCF

## À la recherche des traits d'union

L'hyper-proximité est devenue le nouvel horizon désirable pour beaucoup de nos concitoyens. Face aux turbulences géopolitiques, les territoires connus sont redevenus des refuges, des bulles de (ré)confort. Face à la déconnexion ressentie des « élites nationales », on cherche l'apaisement dans les traits familiaux ou amicaux de ceux qui nous ressemblent. Face à la transformation des modes de vie – choisie mais bien souvent subie –, il peut être rassurant de renouer avec des traditions dont on maîtrise les codes.

C'est dans le proche que les Français espèrent trouver la tranquillité à laquelle ils aspirent.

Cette aspiration-là n'a évidemment pas échappé aux entreprises, à l'écoute permanente de leurs consommateurs. La proximité (les territoires, et tout le champ sémantique et idéologique qui s'y rapporte) est amplement labourée. Dans les offres commerciales, dans les discours, dans les publicités… elle est partout. Rien d'illogique à cela : par essence, le rôle premier de l'entreprise est d'apporter des réponses aux besoins de son public. Encore faut-il que la sincérité soit au rendez-vous.

Comme hier, le *greenwashing* a jeté l'opprobre sur les engagements sincères d'une majorité d'entre elles, les entreprises peuvent aujourd'hui être suspectées de « *proximity-washing* ». À elles de prouver qu'elles ne considèrent pas les territoires comme une ressource à exploiter, mais comme une partie prenante à part entière qui mérite qu'on lui rende, par le service, par l'emploi, par le développement économique, par l'innovation, par la décarbonation, par l'action sociale tout ce qu'ils leur apportent. Cette responsabilité territoriale des entreprises (RTE), conceptualisée notamment par Timothée Duverger, peut et doit donc être mesurée.

En des temps de défiance généralisée, il en va de cette valeur précieuse qu'est le capital de crédibilité dont les entreprises disposent encore auprès des Français. Elles font partie des principaux acteurs sur lesquels comptent nos concitoyens pour améliorer les choses dans la société.

« Société », le mot n'est pas choisi au hasard. La responsabilité de l'entreprise, ce n'est pas juste de combler les attentes individuelles de chacun. C'est aussi, j'en ai la conviction, de permettre aux individus de se connecter pour faire société. Or il ne peut y avoir de société dans l'hyper-proximité. Il n'y aura ni sécurité ni prospérité individuelle si la France devient un éclatement de clans repliés sur eux-mêmes.

Mais la victoire de l'hyper proche ne doit pas être la défaite des grands projets, ceux qui nous embarquent et nous rassemblent, qui créent des espoirs communs, des envies de voir plus loin, de passer outre nos différences pour se rencontrer et se mélanger, de créer quelque chose ensemble. L'État-nation, la construction européenne, la mondialisation ont été de ces projets, certes imparfaits, à améliorer, sans aucun doute, mais plus que jamais nécessaires. Refuser de s'ouvrir au monde, c'est en subir les transformations, économiques, géopolitiques et écologiques.

Il n'y a rien de mal à vouloir se reconnecter avec ses racines, mais il nous faut dans le même temps réussir à nous projeter collectivement. Voilà le vrai défi. Il est celui des pouvoirs publics, en premier lieu, mais aussi des entreprises.

Des entreprises en général et, en particulier, de celle qui me tient à cœur : la SNCF. Le train, c'est un trait d'union : entre grandes métropoles, dont la distance se compte désormais en une poignée d'heures plutôt qu'en centaines, voire milliers de kilomètres ; entre centres-villes, zones périurbaines et terres rurales. Un trait d'union au service du lien social, entre les familles, les générations. Un trait d'union entre le proche et le loin.

# Cécile Rap-Veber

directrice générale-
gérante de la Sacem

## L'attachement au local n'est pas synonyme de repli

La culture, et tout particulièrement la musique, est sans doute le facteur qui peut le plus aider à réduire les fractures générationnelles, sociales et territoriales dont souffre notre société.

Créatrice de lien, elle se vit d'abord en proximité. Ce sont dans nos régions que, tous les jours, de nouveaux créateurs présentent leurs œuvres en public dans les cafés, les discothèques, ou les salles de concert, avant de devenir peut-être un jour des artistes majeurs reconnus en France et dans le monde.

Car en matière culturelle, il y a une continuité naturelle entre le proche et le lointain. Si les amateurs de musique se rendent dans les festivals pour entendre les artistes de leur région, et s'ils mettent les titres des répertoires nationaux dans les premières places des plateformes de streaming, dans presque tous les pays du monde, cet attachement au local n'est pas synonyme de repli.

En effet, aujourd'hui, les frontières entre audiences locales, nationales et internationales s'estompent. Où que l'on habite, on peut choisir ses playlists en fonction de son attirance pour un répertoire. Plus de 100 millions d'utilisateurs ont ainsi écouté au moins un contenu en français entre août 2023 et juillet 2024 sur Spotify. En parallèle, les collaborations musicales entre les créateurs du monde entier se développent.

Pour tous ceux qui sont attachés au rôle fondamental de la musique dans notre société, l'heure n'est donc plus à opposer les répertoires locaux et internationaux mais à défendre la valeur de la création à tous les niveaux, dans un contexte de bouleversement technologique où le partage des revenus du streaming est encore loin d'être satisfaisant pour les créateurs, et où l'IA générative présente un risque fondamental de pillage des œuvres humaines si elle n'est pas encadrée.

C'est cette conviction qui guide la Sacem. Premier financeur privé de la musique en France, nous agissons au plus près des territoires en soutenant les artistes, les lieux de diffusion et les événements musicaux. Mais nous sommes aussi devenus la première société de gestion collective à l'international en permettant à plus de 500 000 créateurs et éditeurs de musique d'être rémunérés pour la diffusion de leurs œuvres. Pour cela, nous nous appuyons sur l'innovation – nous avons développé la plateforme de traitement de la data numérique la plus en pointe au monde pour la gestion des droits d'auteurs et passé très tôt des accords avec les GAFAM – mais aussi sur la force de la législation française, l'une des plus protectrices pour le droit d'auteur, qui est un véritable élément de *soft power* pour notre pays.

Ce modèle nous permet de valoriser le répertoire français sur la scène mondiale. Il attire aussi les plus grands artistes mondiaux qui nous sollicitent pour défendre leurs droits, nous permettant ainsi de mutualiser nos coûts et de renforcer nos investissements au service de nos sociétaires, dans un cercle vertueux entre le local et l'international.

Proches ou lointains, les intérêts des créateurs de musique ne s'opposent donc pas. Au contraire, ils se rejoignent dans une conception exigeante d'un droit d'auteur universel, seule voie pour garantir un avenir durable pour une création musicale vivante partout dans le monde.

# V

# LA FIN DU MOIS TRIOMPHANT DE L'ÉCOLOGIE, MYTHE OU RÉALITÉ ?

# Laurence Bedeau

Elabe

## Ne rien faire, ce choix qui coûtera toujours plus cher

### Ci-gît l'écologie

Morte d'avoir voulu sauver la planète, protéger l'ours polaire et la grenouille arlequin tout en prélevant sa dîme dans nos portefeuilles et en instruisant notre procès. Jugés coupables d'avoir franchi toutes les limites, hypothéqué un futur en commun, nous avons découvert, plus ou moins éberlués, plus ou moins bien informés, que nous étions fautifs de précipiter la fin du monde et serions punis pour ce crime en payant l'amende, en renonçant à ce que nous avions appris, en abjurant notre foi en un progrès inarrêtable et notre idole contemporaine : la consommation trop gourmande en énergie, boulimique de ressources naturelles, fossoyeuse de nos saisons, de nos côtes et de nos montagnes.

L'Affaire du siècle, à n'en pas douter. Une prise de conscience inédite et massive de la menace que nous faisions peser sur la tête de nos enfants, visages chéris de ces anonymes *générations futures*.

Et pourtant. Marcheurs du climat, prise en compte de l'écocide, lutte contre le plastique à usage unique, zones à faible émission, permis de louer conditionné à obligation de rénovation au motif de décence énergétique et listes vertes dans les urnes… n'eurent qu'un succès de mobilisation éphémère. Loin de nous remettre durablement sur un droit chemin, appels à la *responsabilité* et aux *bons gestes*, politiques de décarbonation à coups d'interdits semèrent les graines de la colère et firent se lever un adversaire redoutable : le pouvoir d'achat, héraut de la fin du mois. Il triompha sans gloire de la fin du monde, fit disparaître l'environnement des priorités d'action adressées aux gouvernants[1] et, nous dit-on, de la liste de nos préoccupations.

---

1. Elabe pour BFMTV, échantillon national de 1000 personnes, représentatif des résidents de France métropolitaine âgés de 18 ans et plus (20 mars 2019, 30 juin 2020, 1er septembre 2021, 24 août 2022, 30 août 2023, 28 août 2024, 8 janvier 2025).
L'action environnementale est reléguée en arrière-plan depuis l'automne 2021, largement distancée par l'injonction à agir en faveur du pouvoir d'achat, de la sécurité et de la santé (2e il y a cinq ans, alors peu

## Adieu vague verte

Bonjour *backlash* écologique.

*L'écologie, ça commence à bien faire.* Le refrain entamé en 2011 est devenu populaire. Joué à plein tube, il caracole désormais en tête de la plupart des hit-parades politiques. Une position qu'une dette publique abyssale, le financement à crédit de notre modèle social, les objectifs de réarmement industriel et militaire et les séquelles de la crise inflationniste mondiale devraient assurer pour longtemps.

C'est la nouvelle arme de recrutement massif des droites conservatrices qui assurent protéger pouvoir d'achat et art de vivre à la française d'une écologie *punitive* et *idéologique*. Autant sociale qu'identitaire, la promesse se nourrit d'une fracture diagnostiquée incurable entre ceux qui ont trop peu pour vivre bien, et une portion congrue d'urbains diplômés, moins durement touchés par l'inflation et restés acquis à la *protection de la planète*.

Gilets jaunes contre Gilets verts. Économie contre écologie. Nos emplois et notre bourse contre la planète. Et une écrasante majorité

marqué politiquement et sociologiquement – 30 % total de citations devant la sécurité et la santé ; 7e en janvier 2025 à un niveau bas en valeur absolue –, 13 % total de citations, la priorité écologique est en grande partie portée par l'électorat de gauche aisé des grandes agglomérations métropolitaines).

qui a choisi son camp, par pragmatisme autant que nécessité : la fin du mois, avant la fin du monde.

## Fin du mois contre fin du monde : risque de presbytie

L'ours blanc n'a qu'à bien se tenir sur ce qui lui reste de banquise. Circulez, il n'y a plus rien à faire.

Rien à faire pour ces deux Français sur trois[1] qui se sentent exposés et vulnérables aux

1. Elabe pour Veolia, Baromètre de la transformation écologique.
Édition France, échantillon national de 1 000 personnes, représentatif de la population résidente de France métropolitaine âgée de 18 ans et plus, interrogation en ligne (novembre 2023).
Édition Occitanie, échantillon régional de 1 502 personnes, représentatif de la population résidente de l'Occitanie âgée de 18 ans et plus, interrogation en ligne (janvier 2025) – 75 % des résidents des Pyrénées-Orientales estiment que l'activité économique et touristique locale est exposée et vulnérable à ces risques.
Édition Île-de-France, échantillon régional de 1 526 personnes, représentatif de la population résidente de l'Île-de-France âgée de 18 ans et plus, interrogation en ligne (novembre 2024).
Édition Grand Est, échantillon régional de 1 518 personnes, représentatif de la population résidente du Grand Est âgée de 18 ans et plus, interrogation en ligne (mars 2025).

risques de maladies cardiaques, respiratoires et de cancers causés par les pollutions de l'eau, de l'air et des sols.

Rien à faire contre le manque d'eau et les épisodes de canicule qui fragilisent les cultures, déciment la viticulture, rien non plus contre la montée du niveau de la mer et la baisse de l'enneigement qui détruisent emplois touristiques et industriels dans les Pyrénées-Orientales.

Rien à faire pour 73 % des Essonniens et 65 % des Mosellans qui, à chaque sécheresse, redoutent de constater la progression des fissures qui balafrent leur maison sous l'effet du gonflement des sols argileux sur lesquels ils l'ont bâtie.

Rien à faire pour deux Bretons sur trois qui se sentent exposés et vulnérables aux dommages matériels et économiques causés par le recul du trait de côte et l'érosion du littoral.

Rien à faire, non plus, pour 70 % des Parisiens qui appréhendent désormais de vivre et travailler dans une ville inadaptée aux fortes chaleurs.

---

Édition Bretagne, échantillon régional de 1015 personnes, représentatif de la population résidente de Bretagne âgée de 18 ans et plus, interrogation en ligne (mars 2025).
Édition Île-de-France, échantillon régional de 1526 personnes, représentatif de la population résidente de l'Île-de-France âgée de 18 ans et plus, interrogation en ligne (novembre 2024).

L'insécurité écologique et ses hordes de dégâts matériels, économiques et sanitaires sont devenues les ennemies intimes des habitants de ce pays.

Elle présente désormais sa facture sans crier gare, alourdissant les charges de la fin du mois. Elle ne pratique aucune discrimination, fragilisant sans distinguer entre revenus, genre, générations, villes et campagnes, littoraux et montagnes, idéologies ni croyances.

Mais elle frappe plus durement les plus modestes de nos concitoyens. Doublant, voire triplant parfois les peines. À la destruction du petit pavillon assuré a minima par nécessité économique s'ajoute le trauma durable de la perte d'un foyer et le coût parfois insupportable de sa reconstruction malgré la solidarité de notre régime de catastrophes naturelles ; à la maladie aggravée ou déclenchée par les pollutions de l'air auxquelles ils sont surexposés dans les communes urbaines denses et pauvres[1] s'ajoutent le coût et la difficulté de l'accès aux soins ; à nos paysages qui brunissent et se ratatinent, défigurés par les sécheresses, s'ajoutent la fragilisation d'emplois dépendants de la ressource en eau – agriculture, tourisme, industrie –, et des régions entières

1. Camille Salesse, « Des cocktails délétères : les inégalités d'exposition aux pollutions de l'air en France », LIEPP Policy Brief n° 64, mars 2023.

dont l'attractivité économique, touristique et résidentielle fond comme neige au soleil.

Le bilan comptable individuel et collectif est sans appel : notre passif socioéconomique et sanitaire s'alourdit, que l'on soit sensible ou non à la cause animale et à la diversité des essences d'arbres.

Les conséquences du dérèglement climatique et des pollutions ne sont plus hypothétiques, variant selon les modèles mathématiques. Nous sommes passés du fait scientifique (contestable par les professionnels du doute) à l'expérience (irréfutable).

Si une petite partie de nos concitoyens débat encore de la cause anthropique de ce grand dérangement, ils ne sont plus si nombreux ceux qui se sentent à l'abri de ses conséquences. À tel point que près de sept Français sur dix sont aujourd'hui certains que ne rien faire nous coûtera plus cher que l'action[1]. Et cette opinion n'a cessé de progresser à bas bruit depuis cinq ans, balayant différences socioéconomiques et désaccords politiques[2],

1. Elabe pour Veolia, Baromètre de la transformation écologique, édition France, échantillon national de 1000 personnes, représentatif de la population résidente de France métropolitaine âgée de 18 ans et plus, interrogation en ligne (novembre 2023).

2. Soixante-sept pour cent des ouvriers et employés sont convaincus que l'inaction est plus coûteuse que les investissements nécessaires à la

en même temps que l'environnement est relégué à l'arrière-boutique de nos priorités affichées et partagées.

Comment lire cette contradiction manifeste ?

## Chronique d'un leurre

La concomitance de ces deux mouvements d'opinion est le symptôme d'une somme de malentendus, conséquences de choix d'actions autant que de communication ces dix dernières années.

En privilégiant la décarbonation à l'adaptation[1], la France a multiplié restrictions et coercitions, sans avancer au même rythme pour protéger l'Homme, son habitat, son emploi et sa santé contre les phénomènes climatiques extrêmes. Pénalisant doublement Français modestes et classes moyennes, sanctionnés et mal protégés. Leur voiture et leur maison sont devenues les symboles de cet ancien monde,

---

transition écologique, 78 % des cadres et 88 % des agriculteurs. Une majorité des électorats s'accorde également sur un coût de l'inaction supérieur à celui de l'action : neuf électeurs sur dix d'Anne Hidalgo et Yannick Jadot, 67 % de l'électorat d'Emmanuel Macron, 59 % de l'électorat de Valérie Pécresse et 63 % de l'électorat de Marine Le Pen au premier tour de la présidentielle 2022.

1. Rapport public annuel de la Cour des comptes, mars 2024.

celui auquel il faut tourner le dos pour le bien de la planète, quoi qu'il en coûte.

Les zones à faible émission ont fleuri dans nos villes, en même temps que l'incitation à la rénovation énergétique devenait nécessité pour tout propriétaire de *passoire thermique* prétendant décrocher son permis de louer.

L'interdiction des véhicules marqués au fer des Crit'Air 3, 4 et 5 des cœurs des villes de plus de 150 000 habitants n'a laissé qu'une alternative à leurs propriétaires : transports collectifs ou achat d'un véhicule autorisé. Comment rendre acceptable la mesure d'intérêt général lorsqu'on n'a accès à aucun des deux ? Et qu'accéder à la ville c'est accéder à l'emploi, à la formation, à la culture, aux loisirs ?

Comment financer le reste à charge des 53 000 euros[1] que coûte en moyenne une rénovation énergétique complète et performante, investissement dont le rendement est faible, incertain et différé, face à l'augmentation de 20,5 % du panier de courses entre janvier 2022 et janvier 2024[2] ? Une inflation alimentaire à deux chiffres qui a rivalisé avec l'explosion des prix de l'énergie. Si nous avons découvert à cette occasion qu'un pull à col roulé faisait bien l'affaire pour compenser quelques degrés en moins sur nos thermostats, cette surenchère

1. ADEME.
2. Insee.

des prix du quotidien a fait de cette *écologie punitive* l'écologie à abattre.

Une écologie qui peut nous conduire jusqu'à l'absurde. À vouloir faire baisser la courbe de nos émissions de gaz à effet de serre sans penser avec la même application l'adaptation aux conséquences déjà bien réelles du dérèglement climatique, nous avons encouragé certains Français dont la maison se trouvait dans une zone à risques à investir à fonds perdus : une lettre gagnée dans l'alphabet du DPE ; des émissions de $CO_2$ évitées ; une maison un peu plus confortable à vivre et la satisfaction d'avoir *fait ce qu'il fallait* malgré des économies pas tout à fait au rendez-vous, la faute à l'inflation, ce n'était pas prévu… Jusqu'aux pluies torrentielles et à la crue décennale. Adieu pompe à chaleur et panneaux isolants de chanvre. Moins de $CO_2$, mais une maison inhabitable.

À la clé de ces renoncements et ordres de tout changer, nous avons promis *un monde plus durable.* Mais comment s'y projeter à l'échelle d'une vie, a fortiori à l'échelle d'un mois, quand on est ce Français moyen que mesurent les statistiques publiques, gagnant un peu plus de 2 000 euros net, propriétaire à crédit avec 1,68 enfant à faire grandir ?

En choisissant *la planète* pour combat, nous avons aussi collectivement (pouvoirs publics, médias, experts, éco-organismes, agences de l'État, entreprises) incité à penser l'action et le consentement aux changements au bénéfice d'un objet insaisissable. Ce qui ne pouvait fonctionner qu'en misant sur une conscience écologique spontanée et la compréhension parfaite des liens d'interdépendance qui nous unissent, Homme, nature, animaux. Un pari perdu. La planète ne pèse pas lourd avec un compte en banque dans le rouge.

Le langage façonne nos imaginaires. En les nourrissant d'une *planète qui brûle*, en débattant peu et en dessinant mal ce que pourraient être les nouveaux rapports de l'Homme et de la nature, une façon d'être, de vivre et de commercer qui prend le relais de la société de consommation édifiée depuis la révolution industrielle, nous avons proposé une alternative oscillant entre décroissance et survivalisme. Des radicalités qui n'ont recruté que des minorités, abandonnant la majorité à de tenaces sentiments d'impuissance, d'injustice, voire de colère[1].

---

1. Elabe et al., Baromètre des territoires, échantillon national de 10000 personnes, représentatif des résidents de France métropolitaine âgés de 18 ans et plus (2025).
Quarante pour cent des Français trouvent injuste d'être empêchés de faire des changements dans leur vie pour réduire leur impact sur l'environnement à cause d'un manque de moyens financiers ou de l'endroit où ils vivent (accès aux transports

En moralisant pour mobiliser et faire adopter les *bons gestes, ces gestes vertueux et responsables pour les générations futures*, nous avons culpabilisé tous ceux qui ne pouvaient pas[1] ou n'adhéraient pas aux 10 000 commandements de la conscience écologique. Nous avons réduit la consommation à un champ de bataille sur lequel il fallait choisir son camp : minimum vital responsable contre surconsommation amorale. Faisant fi d'une réalité anthropologique : la consommation est identitaire, elle participe de la représentation que nous nous faisons de nous-mêmes. Elle n'est ni purement essentielle ni forcément morale.

Nous avons ainsi fait de l'écologie un redoutable levier de polarisation sociale, une

---

collectifs par exemple) ; 23 % sont en colère qu'on leur demande de changer leur façon de vivre sans leur en donner les moyens.

1. Elabe et al., Baromètre des territoires, échantillon national de 10 000 personnes, représentatif des résidents de France métropolitaine âgés de 18 ans et plus (2025).

Soixante-deux pour cent jugent compliqué de savoir « ce qu'il faut faire » (informations contradictoires, complexes, pas claires) ; 61 % ne savent pas diagnostiquer leur impact environnemental ; 67 % ont déjà voulu changer des habitudes de consommation, faire des travaux ou changer de modes de transport et ont dû abandonner parce que ça ne rentrait pas dans leur budget.

véritable *machine à clash*, et l'avons jetée en pâture à l'opportunisme électoral.

## Comment sortir l'action écologique de l'impasse où nous l'avons conduite ?

À l'heure où de nouvelles frontières et alliances géopolitiques se forment, enterrer décarbonation et économie des ressources au prétendu profit de notre pouvoir d'achat serait myope. Notre nourriture, notre chauffage, notre mobilité, nos moyens de communication, nos emplois et nos entreprises dépendraient un peu plus d'énergies fossiles et de minerais dont nous disposons peu, scellant davantage la dépendance de nos vies à des pays devenus ennemis déclarés ou partenaires versatiles.

Quand la biodiversité s'effondre[1], piétiner sans discernement toutes les normes environnementales pour monnayer quelques voix dans les urnes reviendrait à considérer que la moitié du PIB mondial qui dépend directement d'une biodiversité en bonne santé[2] peut être sacrifiée, tout comme 42 %[3] des titres détenus

1. IPBES, « Global assessment report on biodiversity and ecosystem services », 2019.
2. Swiss Re Institute, « Biodiversity and ecosystem services: a business case for re/insurance », septembre 2020.
3. Banque de France, 2021.

par les banques françaises qui dépendent d'un service rendu par la nature. Des chiffres qui mesurent une réalité simple : la plupart de nos entreprises et de nos emplois dépendent de la nature.

Alors que l'Europe est le continent qui se réchauffe le plus vite[1], se détourner de l'adaptation serait un choix coûteux en vies humaines et en points de PIB. Si ce dernier n'est pas gage de bonheur, on n'a jamais vu un pays où se côtoient bon pouvoir d'achat et PIB en berne.

Pour ouvrir de nouvelles voies d'action et de dialogue, il faut d'abord sortir du conflit entre fin du mois et écologie. Cette opposition est aujourd'hui bien réelle, et sciemment entretenue et envenimée par les populistes, mais elle n'est pas une fatalité, seulement la conséquence de choix. Nous avons aujourd'hui l'expérience, le recul, et donc la liberté d'en faire de nouveaux.

Ensuite, ne plus laisser justifier l'appel au *recul écologique* par la relégation de la planète au cadet de nos soucis. Que la planète ne fasse plus recette est un fait. Que les habitants de ce pays subissent les dommages sanitaires, économiques et sociaux du dérèglement climatique et des pollutions en est un également, mortel et coûteux.

---

1. Organisation météorologique mondiale et Observatoire européen Copernicus, avril 2024.

Il y a donc un combat à réorienter, en repensant l'action et les mots de l'écologie ; en passant d'une écologie éthique à une écologie pragmatique, de l'Homme, de la santé publique et de l'indépendance économique ; en renonçant au « polluer, c'est mal », en faveur d'une action qui protège d'un dérèglement climatique et de pollutions qui nous « font du mal ».

## Estelle Brachlianoff

directrice générale
de Veolia

## Dominique Schelcher

PDG de Coopérative U

### Pouvoir d'achat et écologie : notre combat quotidien

*Dominique Schelcher, vous être un héraut du pouvoir d'achat, Estelle Brachlianoff, vous combattez la fin du monde. L'un de vous a remporté son combat au détriment de l'autre ?*

*Dominique Schelcher.* – Je ne mets jamais de « ou » mais un « et » entre fin du monde et fin du mois. Un « et » qui dit que ces deux combats doivent être menés de front. Un « et » qui dit que c'est en additionnant la détermination de toutes les forces de la société que nous y parviendrons.

Le vrai débat, il est ailleurs : qui va prendre en charge le coût du changement de modèle que l'urgence écologique nous impose ? Cette question, on ne l'a pas encore tranchée en France. C'est particulièrement vrai pour les produits de grande consommation. Ce que personne n'ose encore dire, c'est qu'il va falloir que chacun contribue financièrement. Tous selon ses moyens, mais tous sans exception : les industriels, les distributeurs, sans oublier les consommateurs. Il faut avoir le courage de leur dire. U se bat pour que ce coût soit le plus faible possible sur les consommateurs, mais il sera là, c'est une certitude.

Si cette question du partage du coût de la décarbonation n'a pas été réglée, c'est en partie par déni, mais aussi par manque de récit. On peut le comprendre, l'actualité géopolitique a forcément bouleversé la donne ces derniers temps. S'ajoute à cela un souffle mauvais de climatoscepticisme qui vient des États-Unis et qui inspire certaines forces politiques en Europe.

Pourtant, on ne réussira à transformer nos modèles que s'il y a un récit collectif qui met tout le monde face à ses responsabilités, qui embarque toutes les parties prenantes dans une volonté commune de renverser la table et de changer la donne.

*Estelle Brachlianoff.* – Ne nous trompons pas de combat : la question n'est plus de choisir entre fin du mois et fin du monde. La réalité nous rattrape chaque jour avec une violence inédite. Quand nos agriculteurs perdent leurs récoltes à cause des sécheresses, c'est le prix de notre alimentation qui s'envole. Quand nos industries manquent d'eau, c'est toute l'activité économique qui est paralysée. Quand les catastrophes climatiques frappent nos territoires, ce sont des milliers de familles qui sont ruinées. Ce qui est en jeu aujourd'hui, ce n'est plus seulement la planète – c'est notre santé, notre prospérité, notre mode de vie. L'écologie n'est plus une question de choix ou de conviction. Elle est devenue un enjeu de sécurité, aussi vitale que notre sécurité énergétique ou alimentaire. Dans un monde où les tensions géopolitiques s'exacerbent, où les ressources se raréfient, la maîtrise de l'eau, de l'énergie et des matières premières est devenue stratégique. Cette sécurité écologique est désormais au cœur de notre résilience collective.

Concrètement, cela signifie repenser nos systèmes industriels pour les rendre plus sobres, développer l'économie circulaire pour valoriser nos ressources, déployer des solutions innovantes pour protéger l'eau et l'énergie. Dans nos territoires, nous voyons déjà émerger ces nouveaux modèles : des usines qui recyclent leurs eaux usées, des villes qui transforment leurs déchets en énergie locale, des agriculteurs qui enrichissent leurs terres avec du compost issu de nos déchets alimentaires. Cette transformation n'est pas une contrainte, c'est une opportunité de bâtir une prospérité plus résiliente, plus sobre, plus autonome.

*Depuis plus deux ans et depuis le début d'une séquence inflationniste que l'on n'avait plus connue depuis quarante ans, est-ce que vous avez vu les consommateurs tourner le dos à l'écologie dans vos magasins ?*

*Dominique Schelcher.* – Tourner le dos, non. Mais pour passer l'inflation, les Français ont dû faire le dos rond. Il faut dire que beaucoup d'entre eux faisaient déjà leur course à l'euro près avant les pics inflationnistes de 2022 et 2023.

Alors oui, le pouvoir d'achat est devenu la priorité numéro un dans nos rayons. Mais pas l'unique priorité. Même si l'inflation reste un traumatisme, les Français ont quand même envie de se faire plaisir, de protéger leur santé et de réduire leur impact écologique.

Je pense que depuis le covid et tous les événements climatiques extrêmes qui ont été vécus, une prise de conscience a été crantée, avec une sorte d'effet cliquet. La volonté d'avoir une consommation moins impactante sur le climat et les ressources de la planète s'est inscrite durablement chez certains Français.

Selon la conjoncture économique, cela se traduit plus ou moins fortement dans les comportements d'achat.

*Le pouvoir d'achat, c'est aussi une espèce menacée par la crise écologique ?*

*Estelle Brachlianoff.* – Aujourd'hui, le pouvoir d'achat est pris en étau : l'inflation d'un côté, le chaos climatique de l'autre. Face à cette double menace, ce sont les classes moyennes qui trinquent en premier. Pendant trop longtemps, l'écologie a pu paraître comme un luxe réservé aux plus aisés, une sorte de supplément d'âme pour consommateurs privilégiés. C'était une erreur fondamentale. L'écologie n'est pas un privilège, c'est un levier puissant pour protéger et libérer le pouvoir d'achat des Français.

Chez Veolia, nous le prouvons chaque jour : quand nous transformons les déchets en énergie locale décarbonée, nous réduisons les factures de chauffage de milliers de foyers. Quand nous optimisons la gestion de l'eau, nous évitons les fuites et donc les hausses de factures inutiles.

La clé, c'est l'innovation technologique couplée à l'efficacité opérationnelle. Ces deux moteurs nous permettent de faire plus avec moins, de réduire les coûts tout en préservant les ressources. Un exemple concret : dans le dessalement, nos innovations ont permis de diviser par cinq la consommation d'énergie des usines, faisant chuter le coût du mètre cube d'eau de 4 euros à moins de 50 centimes. C'est ça, l'écologie des solutions : non pas une contrainte qui pèse sur les fins de mois, mais un bouclier qui protège concrètement le niveau de vie des populations.

*Vous êtes donc en train de nous dire que « protéger la planète », c'est aussi protéger le pouvoir d'achat ?*

*Estelle Brachlianoff.* – Absolument, et je vais même plus loin : l'excellence environnementale est devenue notre meilleur avantage compétitif ! Dans un monde où tout s'emballe – prix de l'énergie, pénuries d'eau, chocs climatiques –, seule la sécurité écologique nous protège vraiment. Les faits sont là : dans la compétition mondiale, ce sont les entreprises les plus avancées dans leur transition écologique qui tirent leur épingle du jeu. Pourquoi ? Parce qu'elles ont compris que l'efficacité environnementale est la clé de la performance économique. Elles consomment moins d'énergie, utilisent moins de matières premières, dépendent moins des importations. Elles innovent plus, attirent les meilleurs talents, conquièrent de nouveaux marchés.

À l'inverse, les entreprises qui ont tardé à se transformer subissent aujourd'hui de plein fouet la hausse des coûts et la raréfaction des ressources.

C'est une leçon que l'Europe doit méditer : notre leadership environnemental est notre meilleur atout industriel. Non seulement il nous protège des chocs, mais il nous positionne en pionniers des solutions d'avenir. La bataille de la compétitivité se joue maintenant : qui maîtrisera les technologies vertes maîtrisera l'économie de demain. C'est maintenant que se joue le leadership mondial – c'est le moment de définir notre terrain, nos standards, notre vision.

Mais pour transformer nos atouts en victoire, il faut comprendre cette vérité fondamentale : l'écologie n'est pas l'ennemie de notre compétitivité, elle en est la dernière protection. Plus nous tardons à agir, plus nous payons cher. Plus nous investissons dans ces solutions d'avenir, plus nous protégeons le porte-monnaie des Français.

*Concrètement, comment faites-vous cohabiter écologie et pouvoir d'achat dans vos rayons ?*

*Dominique Schelcher.* – L'écologie sera accessible à tous ou ne sera pas. Un produit n'a de durable que le nom s'il reste en rayon parce que personne ne peut l'acheter. Notre rôle en tant que commerçants est donc très important.

Notre promesse chez U, ce sont des prix bas et des valeurs fortes. Nous avons été la première coopérative de commerçants à nous doter d'une trajectoire officielle de décarbonation, avec une première étape en 2030 et un atterrissage en 2050 en ligne avec l'accord de Paris.

Pour y parvenir, la transformation de notre offre de produits est de loin la plus structurante. C'est 75 à 80 % de notre impact. Nous travaillons, produit par produit, fournisseur par fournisseur, à améliorer les pratiques et les recettes, à réduire les emballages. Sur nos produits U par exemple, nous œuvrons à la refonte de nos cahiers des charges pour intégrer des méthodes d'agriculture nouvelles, avec une nourriture animale produite localement et en émettant moins de $CO_2$. Aujourd'hui, nous pouvons proposer à nos clients une gamme complète de produits frais U, labellisés Bleu-Blanc-Cœur, avec un impact réduit du producteur au consommateur. Un pot de yaourt Bleu-Blanc-Cœur est commercialisé seulement 1 ou 2 centimes plus chers qu'un yaourt classique. C'est ça, rendre l'écologie accessible à tous.

Le chantier est considérable. Il nous reste beaucoup à faire, mais le cap est le bon.

# VI

## SOLIDARITÉ DE TOUS OU RESPONSABILITÉ DE CHACUN ?

# Irène Dedeyan

Elabe

## Une troisième voie peut-elle nous rassembler ?

*Le modèle social français, solidaire et protecteur, est-il voué à disparaître alors que le pays est lourdement endetté, que sa population vieillit, que le plein emploi se confirme être un mirage, bref, alors que l'ensemble des paramètres ayant concouru à son établissement a disparu ? La question fracture la société française. Certains plaident pour une refonte totale d'un système mutualisé à un système individualisé. Mais les Français sont attachés à leur modèle social : dans ce contexte, comment rendre soutenable la générosité collective de tous pour chacun ?*

*La réponse est sans doute une troisième voie qui pourrait nous rassembler autour d'un système solidaire préservé grâce à un effort coordonné, à la fois collectif et individuel, de prévention.*

## Le modèle social français, entre idéaux républicains et réalités contemporaines

L'évolution du modèle social français est à la fois totem et tabou : totem politique, pris en otage d'une ingouvernabilité qui a fini par s'avérer ; tabou d'un modèle social auquel les Français ne cessent de marquer un attachement de plus en plus crispé. Dernier rempart au déclassement, il fait partie des ultimes fiertés de l'exception française[1]. À cet héritier créé par le Conseil national de la Résistance avec la Sécurité sociale en 1945, une société vulnérable et apeurée délègue son immense besoin de protection contre la montée des insécurités[2]. Neuf Français sur dix souhaitent le maintenir pour le risque de dépendance, le risque de santé, le risque de perte d'emploi, leurs retraites[3] ; 85 % des personnes interrogées ont une bonne image de la Sécurité sociale, 88 % expriment un fort attachement à l'institution[4].

Le modèle français a trouvé sa pertinence en répondant aux besoins des Trente Glorieuses. Il repose sur le plein emploi, une large

1. Elabe et al., Baromètre des territoires, 2025.
2. *Ibid.*
3. *Ibid.*
4. Louis Harris-CNAM, Baromètre Les Français et la Sécurité sociale, 2024.

population active, une démographie positive, une société relativement égalitaire avec des services publics compétents et un consensus national qui fait de l'État-providence, planificateur et entrepreneur, le responsable du bien-être de ses concitoyens et le garant des droits sociaux.

Ces paramètres n'existent plus : individualisée mais aussi vieillissante, tertiarisée, largement précarisée, faisant face au réchauffement climatique et au ralentissement démographique, la France impuissante[1], écrasée par sa dette, ne peut plus incarner pour ses citoyens les promesses réitérées de protection.

### Vingt ans de réformes conduites dans la douleur

La réforme des retraites péniblement adoptée en 2023 n'a jamais été acceptée[2], et fut à nouveau sujet de querelles lors des élections inattendues de juin 2024. Rien de nouveau sous le soleil. Depuis vingt ans, les Français refusent les réformes successives du modèle social qui leur sont proposées. En 2006 déjà, Ipsos mesurait « le rejet [des

1. Elabe et al., Baromètre des territoires, 2025.
2. Elle n'a jamais obtenu moins de 50 % d'opposition dans l'opinion, avec un pic à 72 %.

Français] pour les propositions [suivantes] : baisse du RMI [52 % d'opposition], remise en cause de l'âge actuel du départ à la retraite [63 %], baisse des niveaux de remboursement des soins médicaux et des médicaments [75 %] ou baisse des congés payés [84 %] ». En 2025, on note également une forte opposition aux pistes proposées par la Cour des comptes pour améliorer les finances de notre système de retraite : 78 % des Français sont opposés à sous-indexer les pensions de retraite, 65 % à reporter l'âge légal de départ à la retraite, 63 % à augmenter les cotisations prélevées sur les actifs. Seule l'introduction d'une dose de capitalisation dans notre système de retraite emporte une petite majorité, à 59 %[1].

Irréformable France[2].

## Pourtant, l'opinion est consciente des fragilités actuelles

Les Français décrivent un modèle social grippé auquel une majorité estime contribuer plus qu'elle n'en bénéficie[3].

---

1. Elabe pour BFMTV, « Les Français et le système de retraite », février 2025.
2. Président de la République, 2020.
3. Elabe et al., Baromètre des territoires, 2025 : mais le chiffre a baissé de 10 points en six ans, de 65 % à 55 %.

Dès 2018, près de six interviewés sur dix estimaient que le système d'assurance chômage fonctionnait mal[1]. Sur le système des retraites, l'opinion est plus volatile et divisée : 57 % des Français considéraient que le système fonctionnait mal en janvier 2019, contre 47 % en 2025[2]. Et aujourd'hui, 62 % des Français anticipent que d'un point de vue financier, le système actuel de retraite ne peut pas continuer à fonctionner dans les années à venir[3].

Pour le système d'indemnisation des dommages liés aux catastrophes naturelles, qui repose sur la logique de solidarité, les Français sont de plus en plus conscients des risques : en mai 2024, 65 % disaient avoir déjà pensé au fait que le système d'assurance pourrait avoir des difficultés à continuer d'assurer les biens face à l'augmentation des risques climatiques, en progression de 16 points depuis février 2023. Enfin, 80 % des Français (+4 points depuis le 5 octobre 2023) jugeaient urgent de réduire la dette publique en France[4].

1. Elabe pour *Les Échos*, Radio Classique et l'Institut Montaigne, « Les Français et l'assurance chômage », 2018.
2. Elabe pour BFMTV, « Les Français et le système de retraite », février 2025.
3. *Ibid.*
4. Elabe pour *Les Échos* et l'Institut Montaigne, « Les Français et la dette publique », mars 2024.

## Comment (s')en sortir ? En osant une troisième voie

Nous sommes dans une époque paradoxale et, pour les Français, dangereuse. L'ambition de conserver un système de solidarité rassemble au-delà des fractures sociales et politiques. Les Français sont 60 % à considérer qu'il y a encore des solutions pour maintenir notre modèle de retraite, 62 % pour notre système de santé, 58 % pour prendre en charge la dépendance, 51 % pour les catastrophes naturelles. Pour se protéger de l'insécurité physique, sanitaire et climatique, neuf sur dix affirment leur choix de la solidarité. Une ambition commune peut être d'en renforcer l'efficacité en la réinventant autour de paradigmes adaptés à l'époque.

**Le paradigme de la prévention :** le modèle de protection français doit intégrer les enjeux de prévention, moins coûteux, plus responsabilisants et considérés aujourd'hui comme plus performants. En intégrant les données prédictives dans les politiques publiques, en privilégiant la recherche et l'innovation, en valorisant les initiatives des acteurs privés, la prévention renverse l'approche de la solidarité et transforme les besoins de prise en charge, qu'il s'agisse de la prévention en matière de santé, de risques psychosociaux ou des catastrophes naturelles.

**Le paradigme des coalitions et de l'alliance :** attendues par leurs concitoyens sur les enjeux de responsabilité, les entreprises sont les nouveaux pivots de la protection. Elles veillent à la santé et à la sécurité de leurs collaborateurs, elles ont un rôle crucial pour l'entrée sur le marché du travail des jeunes, elles saisissent de plus en plus leur responsabilité dans le maintien des seniors dans l'emploi et donc dans la vie sociale, elles agissent pour s'adapter au changement climatique. Au-delà de l'articulation du financement entre complémentaires et protection sociale publique, elles sont attendues pour recréer des espaces de solidarité et de responsabilité, à une échelle territoriale, impliquant autour de la prévention des risques et de la réparation des dommages, leurs parties prenantes et les collectivités publiques.

**Le paradigme de la performance :** « La bureaucratie est un mécanisme par lequel une personne est confortablement coupée des conséquences de ses actes », assénait le fonctionnaire et génie Franz Kafka. Simplification, débureaucratisation et flexibilité sont indispensables pour redonner des marges de manœuvre au modèle français et lui permettre de s'adapter aux situations contemporaines : passage de salarié à travailleur indépendant ou à la tâche, chômage avant le premier emploi, cumul travail-retraite, maladie longue durée et dépendance...

Dans un pays qui a fait de la fraternité une valeur cardinale, la question de l'avenir du modèle social divise. Loin des extrêmes d'une solidarité collective trop coûteuse ou d'un libéralisme radical qui ferait porter toute protection par l'individu seul, une troisième voie se dessine, basée sur la prévention, la coalition d'acteurs et la performance, pour réinventer le modèle social auquel les Français sont si attachés.

# Sylvain Rabuel

président du groupe DomusVi

# Édouard Vieillefond

directeur général de la Caisse centrale de réassurance (CCR)

## Il est possible de réformer notre modèle social

*Les Français ont le sentiment de contribuer au modèle social plus qu'ils n'en bénéficient. Comment redonner du sens et de la lisibilité à la solidarité dans un monde devenu individualiste ?*

*Sylvain Rabuel.* – Justement : parce que notre société devient plus individualiste et transactionnelle, beaucoup ont le sentiment de ne pas recevoir à la hauteur de leur contribution. C'est une raison de plus pour préserver ce qui nous rassemble, plutôt que remettre en cause un modèle social qui demeure un puissant facteur d'unité collective.

Dans un monde centré sur l'intérêt personnel, penser collectif paraît toujours l'option perdante. Mais derrière cette crise du modèle social, il y a une crise plus profonde : celle du lien national. Il faut redonner du sens à l'idée de faire nation, à la capacité d'accepter certains sacrifices mutuels. Retrouver une forme de cohésion devient une nécessité.

*Édouard Vieillefond.* – Les principes fondamentaux de la protection contre les « coups du sort » (y compris maladies, vieillesse, accidents du travail, catastrophes naturelles et agricoles) issus de la Constitution de 1946 étaient très équilibrés, et c'est cet équilibre qu'il faut chercher à retrouver pour notre modèle social. C'est-à-dire une répartition juste entre solidarité d'une part et responsabilité d'autre part.

Même si comparaison n'est pas raison, on voit par exemple en ce qui concerne le régime d'indemnisation des catastrophes naturelles qu'il fonctionne et continue de fonctionner justement parce que cet équilibre a été respecté, avec un cadre réglementaire clair, le maintien du signal prix et la préservation du fonctionnement du marché, avec des franchises et des primes, une répartition des risques entre tous les acteurs, des négociations régulières à travers le Traité CCR qui permettent d'optimiser l'équilibre.

Mais cet équilibre n'est pas toujours la norme, il peut y avoir un principe qui l'emporte sur l'autre ; en France, on le constate en matière de dépenses sociales, avec un ratio de dépenses sociales sur PIB de 32 %, soit 5 points de plus que la moyenne de l'Union européenne. Sans action pour retrouver plus d'équilibre, la pression sur les actifs deviendra toujours plus forte et créera un déséquilibre générationnel critique. Il faut revenir au concept d'« assurance », y compris en matière de protection sociale, avec tous les attributs afférents (financement par la cotisation ou la prime, équilibre technique, solidité du bilan et rentabilité...).

*Faut-il accepter une dose de responsabilisation individuelle dans l'accès à la protection sociale (assurances, catastrophes naturelles, retraite, santé...) pour préserver la solidarité collective ?*

*Sylvain Rabuel.* – Oui, c'est une piste à explorer. Le champ d'intervention du modèle social s'est élargi au fil du temps, au-delà de son cadre d'origine, et parfois sans distinction claire entre l'essentiel et l'accessoire. Il faudrait mieux hiérarchiser ce qui relève de la solidarité nationale – comme un fauteuil roulant indispensable – et ce qui peut rester partiellement ou totalement à la charge individuelle, comme une paire de lunettes de confort.

En ce qui concerne notre modèle de retraite, il faut aussi un changement de paradigme. Le modèle actuel, très axé sur la répartition, montre ses limites avec la baisse de la natalité et la contraction de la base active ; je pense qu'il faut lui adjoindre une capitalisation complémentaire, bien pensée, pour soutenir l'ensemble. Les Français sont parmi les plus gros épargnants au monde : ils peuvent comprendre qu'un système mixte offre de meilleurs rendements que les cotisations actuelles, souvent élevées pour un faible retour.

Mais la responsabilisation doit aussi passer par la prévention, ce n'est pas qu'une question de répartition des financements.

*Comment, justement, faire évoluer la culture française pour passer d'un système de réparation à un véritable réflexe de prévention ?*

*Édouard Vieillefond.* – On a du mal, en France, à avoir une culture de la prévention, on est souvent bien meilleurs en gestion de crise !

Il y a en revanche quelques réussites qui doivent être soulignées et qui permettent d'imaginer que l'on accélère le changement culturel pour adopter ce fameux réflexe de prévention. En matière de risques naturels, le Fonds Barnier, par exemple, est un excellent dispositif qui a permis d'adapter beaucoup de nos territoires aux inondations, et d'éviter un nombre impressionnant de dommages. On peut s'inspirer de ces succès pour aller vers un système de santé où, grâce à un bon équilibre public-privé, avec des meilleurs systèmes d'information, des incitations pour les médecins comme pour les patients, la médecine préventive deviendrait une réalité pour tous.

*Sylvain Rabuel.* – On a trop souvent fait des citoyens des consommateurs de droits, pas des acteurs de la solidarité. On pourrait encourager les comportements responsables – examens de dépistage, hygiène de vie – en les liant à une plus grande couverture des soins. Il ne s'agit pas seulement d'argent, mais de réciprocité : chacun doit être partie prenante du fonctionnement et de la pérennité de notre modèle social. Des outils numériques pourraient rendre cela plus concret et interactif.

*La France est souvent qualifiée d'irréformable. Pensez-vous que la transformation du modèle social peut encore se faire sans rupture ?*

*Sylvain Rabuel.* – Oui, c'est possible, mais cela suppose des conditions rarement réunies : une vision politique claire, du courage, une majorité stable et du temps.

On accuse souvent les Français de refuser les réformes, mais on oublie de regarder du côté de l'offre, par exemple les réticences de certains acteurs de la santé. Il faut donc à mon sens clarifier les rôles : aujourd'hui, trop d'acteurs prétendent détenir seuls les clés du modèle social. Si on ne réussit pas à agir dans ce système d'intérêts multiples, une rupture deviendra inévitable. Mais elle n'est pas une fatalité.

*Édouard Vieillefond.* – Nous sommes plutôt culturellement adeptes, en France, de changements brutaux – par ailleurs, la situation budgétaire ne nous laisse pas tellement le choix. Les économistes disent en général qu'un choc brutal d'ajustement budgétaire a forcément des effets récessifs, mais dans une situation comme la nôtre, qui est franchement déséquilibrée, n'est-ce pas la solution pour redonner confiance aux agents économiques ? En réalité c'est un sujet de responsabilité intergénérationnelle : au-delà de la dette écologique dont on parle souvent, il y a une dette sociale, économique et financière qu'on ne peut pas laisser aux générations suivantes. Il est au contraire nécessaire, en tirant les conséquences de cet effet intergénérationnel lui-même dû principalement au vieillissement de la population, de redonner aux prochaines générations des marges de manœuvre pour construire leur vie, bénéficier du fruit de leur travail, se loger convenablement, avoir des enfants...

*Quel rôle spécifique les entreprises doivent-elles/peuvent-elles jouer dans la soutenabilité du modèle social ?*

*Édouard Vieillefond.* – Évidemment qu'en cas de « calamité nationale », on aura toujours besoin de l'État. Mais le secteur privé peut faire beaucoup ! La question essentielle est d'identifier les carences de marché pour savoir où on a véritablement besoin de l'État. Il faut toujours chercher l'équilibre entre marché privé et intervention publique. Sortons des extrêmes « tout public » ou « tout privé », et imaginons les seuils pertinents dans des partenariats public-privés efficaces.

*Sylvain Rabuel.* – Un rôle clé, notamment en matière d'emploi des seniors. Le maintien d'une activité sociale et intellectuelle est l'une des meilleures formes de prévention, et l'entreprise en est un levier majeur. Avec l'allongement de la vie et les progrès médicaux, on peut très bien rester actif jusqu'à 70 ou 75 ans, pas forcément en tant que salarié, bien sûr, mais en étant par exemple bénévole dans une association, au service de la communauté... Militer pour cela est essentiel, surtout dans les catégories sociales les plus défavorisées où la retraite signe souvent une rupture sociale brutale, avec des effets négatifs sur la santé cognitive. Chez DomusVi, nous soutenons cette vision, notamment via notre engagement dans le club Landoy. C'est une vraie mission de solidarité nationale que de permettre à chacun une retraite active et épanouissante, mais ce message reste difficile à faire passer.

# Thomas Saunier

directeur général
de Malakoff Humanis

## Solidarités en danger

Le Baromètre des territoires publié par Elabe en janvier 2025 nous a, entre autres enseignements, rappelé l'attachement viscéral des Français à la solidarité, notamment face aux aléas de la vie. Ils sont 92 % à vouloir préserver notre système de santé ; 91 % pour les retraites ; 92 % à y être attaché pour faire face à la dépendance… C'est un plébiscite, peut-être même un marqueur de notre identité nationale. Nous fêterons en effet cette année les 80 ans de notre système de protection sociale, fondé sur la solidarité nationale – incarnée par la Sécurité sociale – et sur la liberté collective et individuelle, traduite par la mutualisation.

Mais l'on sent poindre, derrière ces chiffres, une inquiétude croissante : ce système n'est-il pas en danger ? Face aux difficultés économiques, aux contraintes budgétaires, dans un monde devenu plus incertain, notre modèle social aura-t-il encore la capacité à servir demain l'ambition de ses fondateurs ?

Je suis convaincu que nous pouvons répondre à cette crainte des Français en deux mots : responsabilité et coopération.

Notre système de protection sociale est généreux. Il assure par exemple aux Français le reste à charge le plus faible de l'OCDE pour leurs frais de santé, grâce à l'action combinée de l'Assurance maladie et des organismes complémentaires. Cette générosité le rend unique, mais c'est aussi ce qui fait sa fragilité. Il est impératif que tous ses acteurs – pouvoirs publics, Assurance maladie, organismes complémentaires, professionnels de santé – et aussi patients et usagers, qui ont conscience de cette fragilité, travaillent de concert, en responsabilité, pour le préserver.

Cela exigera une gouvernance plus ouverte, plus transparente et concertée, associant toutes les parties prenantes et tous les financeurs, acteurs ou usagers.

Cela exigera par exemple de mieux lutter contre les fraudes qui minent cet édifice à deux étages. Aujourd'hui, chacun agit seul et en silo – ce qui fragilise aussi bien l'Assurance maladie que les organismes complémentaires. Demain, nous devons pouvoir croiser nos informations, au nom de l'efficacité.

Cela exigera également de s'engager résolument dans la prévention, domaine dans lequel la France est systématiquement mal classée, là aussi parce que trop d'obstacles s'opposent à la pleine et entière coopération de tous les acteurs de notre système de santé. C'est pourtant un gisement massif d'économies, et surtout de vies moins frappées par la maladie et la perte d'autonomie.

Ces exemples (et il y en a tant d'autres) nous montrent la voie à suivre : oui, la solidarité reste et restera possible. Prendre conscience de sa fragilité, c'est la meilleure des incitations à mieux travailler ensemble pour la préserver. Et les résultats seront au rendez-vous si tous ses acteurs, et notamment les organismes complémentaires, garants de la liberté de choix au travers de la mutualisation, sont écoutés – et entendus ! C'est ce que les Français attendent.

# VII

# LES FRANÇAIS ET LE TRAVAIL, LA (RÉ)CONCILIATION

*Depuis 2020, nous interrogeons les conséquences du confinement (puis des crises successives qui nous ont affectées) sur le rapport des Français, et spécifiquement des salariés, au travail. L'analyse des données ne permet pas de confirmer que les Français auraient un problème avec le travail. Mais de nouveaux équilibres se dessinent, catalysés et accélérés par l'expérience inouïe (au sens premier du terme) du confinement. Ce sont ces équilibres que ce chapitre vous propose d'explorer avec deux angles principaux : le besoin de reconnaissance et l'équilibre de vie. Et un motto commun : pour les entreprises, une lecture objectivée des attentes actuelles trace, au-delà des ruptures, la voie d'approches favorisant l'engagement des salariés. Entre les Français et le travail, l'heure est à la (ré)concilation.*

# François Cathalifaud

Elabe

## Entre salaire et sens, si on parlait plutôt reconnaissance ?

Face aux ruptures du monde du travail, se saisir des enjeux de la reconnaissance permet d'apporter des solutions pragmatiques pour rassembler les salariés et conforter leur motivation.

### Le rapport des salariés à leur travail a été ébranlé par le covid qui a accentué les interrogations déjà présentes

La crise sanitaire de 2020 a-t-elle marqué une rupture dans le rapport au travail des Français ? Elle a en tout cas fait bouger des lignes. Pour les travailleurs dits essentiels, ceux des secteurs du soin, de l'alimentaire… c'est une nouvelle perception de l'aspect central de leur profession ouvrant sur un désir de valorisation renforcé. Pour ceux qui avaient fait de leur réussite professionnelle

(« la Rolex à 50 ans ») un élément central de leur existence, c'est le constat que celle-ci ne protège pas des accidents de la vie et des crises de la société. Plus généralement, chez les salariés qui ont subi le confinement, est apparu un nouveau regard sur leur vie en entreprise, créatrice de liens (70 % estiment que leurs relations avec leurs collègues leur ont manqué pendant la période[1]) autant que de contraintes.

Le choc a en fait cristallisé et accéléré des tendances déjà présentes. Mis en concurrence dans un monde polycentrique, le travail est sous tension de conditions de travail mesurées comme dégradées. Déjà, les années 2010 avaient vu apparaître un désengagement de métiers à forte pénibilité (construction, restauration…), entraînant un recours important aux travailleurs immigrés, et l'apparition de nouveaux outils conceptuels pour comprendre la situation du salarié et les difficultés du travail moderne. On peut citer les « *bullshit jobs* », de David Graeber ; « l'apathie » identifiée par Guy Bajoit[2] pour compléter les trois modes de relation au travail – *exit*, *voice*,

1. Elabe, étude « La France d'après : #RebootouReset ? », 2020.
2. Guy Bajoit, « Exit, voice, loyalty… and apathy. Les réactions individuelles au mécontentement », *Revue française de sociologie*, vol. 29, n° 2, 1988, p. 325-345.

*loyalty*[1] – d'Albert Hirschman, et rebaptisée « *quiet quitting*[2] »; ou encore la « révolte des premiers de la classe », expression du journaliste Jean-Laurent Cassely pour désigner les reconversions de cadres dans l'artisanat ou les métiers de bouche. Autre signal : l'aspiration à un travail indépendant s'est aussi renforcée avec 2,3 millions de professionnels indépendants en 2008 et 4,6 millions en 2023[3].

Les transformations (technologiques avec l'IA, industrielles avec le déclin de certaines activités) et les crises (écologiques, géopolitiques…) en cours ne peuvent que prolonger ces interrogations face à un monde du travail qui change. Pourtant, dans la « permacrise », loin d'être un repoussoir, l'entreprise publique ou privée demeure un cadre de référence, perçue comme un élément structurant de leur vie par les deux tiers des Français[4]. Alors, est-on dans une période de désengagement ? Ou plutôt face à une transformation des attentes ?

En somme, une révolte ou une révolution ?

1. « Sortie, voix, loyauté », en anglais.
2. « Démission silencieuse », en anglais.
3. Urssaf, Stat'ur, bilan décembre 2024.
4. Elabe, Baromètre de l'Institut de l'Entreprise, 2023.

### Les salariés ne se désinvestissent pas de leur travail mais expriment de nouvelles attentes de reconnaissance

Depuis la crise sanitaire, on constate un mouvement de relatif déclin des attentes purement matérielles – la rémunération et le prestige de la carrière. S'ils aspirent toujours à un salaire qui permet de vivre dignement, sans renoncer aux choses essentielles, neuf salariés sur dix souhaitent avant tout exercer un métier qui leur plaît et qui est utile à la société[1]. Quel que soit le niveau de revenus, 67 % des actifs préfèrent gagner moins d'argent pour avoir plus de temps libre. Leurs aspirations envers le travail salarié peuvent se résumer simplement : un travail qui stimule, qui fasse grandir, qui permette de vivre une aventure humaine auprès de ses collègues et avec des conditions de travail qui n'abîment pas, physiquement ou moralement. Ces aspirations sont étonnamment partagées par l'ensemble des classes d'âges et des niveaux de diplômes, sans aucune distinction[2].

1. Elabe et al., Baromètre des territoires, 2025.
2. *Ibid.*

### Se jugeant souvent aux prises avec un déni de reconnaissance, huit salariés sur dix[1] aspirent fondamentalement à être reconnus par leur employeur

Lors des Ateliers Citoyens organisés par l'Institut de l'Entreprise en 2024, les Français interrogés évoquaient ainsi l'importance de voir l'impact de leur travail mis en valeur par leur hiérarchie. Outre des gestes symboliques, la reconnaissance peut se traduire aussi par l'autonomie accordée aux salariés, un critère important pour 88 % d'entre eux ; ou les possibilités d'apprendre et de progresser en compétences qui leur sont accordées (76 %)[2]. Ce besoin de reconnaissance montre que les Français ne sont dans leur rapport à leur employeur ni des utilitaristes cyniques seulement attentifs aux gratifications matérielles ni des idéalistes naïfs qui poseraient comme prioritaire un rapport affectif à l'entreprise.

### Des attentes réalistes auxquelles les employeurs doivent apporter des réponses appropriées

Pour les employeurs, ces nouvelles aspirations sont une bonne nouvelle.

---

1. *Ibid.*
2. *Ibid.*

En effet, elles laissent transparaître une vision sans idéologie du travail, et des attentes qu'on peut juger réalistes, alignées avec les intérêts des entreprises.

Elles nécessitent cependant d'apporter des adaptations des organisations et des cultures managériales pour y intégrer le besoin de reconnaissance :

– s'éloigner des pratiques *top down* qui peuvent tenter encore une partie du management. Le Haut-commissariat au Plan dans « La grande transformation du travail : crise de la reconnaissance et du sens du travail » (2023) établit que seuls 56 % des actifs français estiment leur travail reconnu à sa juste valeur, contre 72 % au Royaume-Uni et 75 % en Allemagne ;

– établir un environnement de travail basé sur des règles justes et équitables. Les Français sont attentifs à ce que chaque salarié soit respecté, quels que soient son origine ou son âge. Quatre-vingt-deux pour cent des salariés aspirent ainsi à une égalité de traitement entre les hommes et les femmes de la part de l'employeur (promotion, formation, salaire, reconnaissance[1]…) et 84 % des Français estiment que la diversité sociale, culturelle et

1. *Ibid.*

ethnique dans le monde du travail est une bonne chose[1];

– assumer le besoin de protection, non seulement en prenant en charge la sécurité au travail, mais aussi en contribuant à répondre à des besoins sociétaux majeurs comme la santé mentale, le handicap, la montée en puissance des aidants familiaux;

– réfléchir aux évolutions du partage de la valeur entre actionnaires, clients et collaborateurs, que ce soit en développant de nouvelles formes de participation ou en réfléchissant aux critères d'une rémunération « digne » pour les collaborateurs, sujet déjà embarqué par plusieurs grandes entreprises françaises;

– répondre aux besoins des salariés d'un nouvel équilibre entre vie personnelle et vie professionnelle (voir chapitre 8).

Écoute, pragmatisme, équité: autant de principes simples sur lesquels tant les entreprises que les salariés pourraient se rassembler. Tout cela tournant autour de la même question: la reconnaissance. Un principe moral autant qu'un principe d'action, qui est peut-être la voie la plus juste à explorer pour (ré)concilier durablement les Français et l'entreprise.

---

1. Elabe, étude menée pour la Fondation Mozaïk, 2021.

# Arnaud Rousseau
président de la FNSEA

## La reconnaissance n'est pas une médaille

Alors que la centralité de la valeur travail est challengée, constituant une vraie rupture au cours de ces dernières années, la question de la reconnaissance, personnelle comme professionnelle, est au cœur des débats sociétaux actuels. Et cette question se pose avec une plus grande acuité encore pour ceux qui exercent des métiers « invisibles », ceux qui assurent ce qu'on pourrait appeler le fonds de roulement vital pour la Nation et que la crise covid a remis en lumière.

En agriculture, depuis plusieurs années, nous faisons tous face à une série de chocs. Crises sanitaires, guerre en Ukraine, inflation, catastrophes climatiques… Ce que ces crises ont produit, c'est quelque chose d'inédit: la généralisation du sentiment de vulnérabilité qui a gagné l'ensemble de la société et que connaissent bien les agriculteurs, qui vivent cette vulnérabilité depuis longtemps. Le sentiment d'abandon, la peur du déclassement, les sacrifices que la société ne comprend pas toujours et que les générations futures ne souhaitent plus assumer.

Et pourtant, nous continuons à tenir, à innover, à nourrir. Et si nous continuons, souvent en vents contraires, en transcendant notre vulnérabilité, c'est parce que nous croyons, agriculteurs comme organisations professionnelles agricoles, que le modèle agricole que nous portons s'inscrit dans un véritable projet de société.

En agriculture, nous sommes fiers de nos métiers de passion, nous sommes fiers de la reconnaissance de nos concitoyens qui nous expriment leur soutien et leur attachement.

Nous serions encore plus fiers si ces manifestations supplémentaires de reconnaissance pour nos efforts et de notre rôle ne survenaient pas qu'une fois par an au Salon de l'agriculture ou lorsque les tensions nous conduisent dans la rue !

La reconnaissance que nous souhaitons et qui a été au cœur des revendications agricoles historiques de l'hiver 2024, ce n'est pas une médaille. Bien d'autres professions, dans la santé par exemple, partageront ce point de vue.

C'est avant tout un regard, une attention du consommateur, du citoyen, pour une activité qui a du sens, dont les productions sont présentes, trois fois par jour, sur les tables des Français. Celle-ci peut s'exprimer de différentes manières : par le consentement à payer le juste prix de l'alimentation, mais aussi par la compréhension de l'excellence de nos pratiques qui font de l'agriculture française l'une des plus durables au monde.

C'est aussi une considération. Je pense à cette reconnaissance intergénérationnelle, celle des aînés qui transmettent leurs exploitations à ceux qui s'installent. Je pense aussi à la valorisation de notre contribution aux transitions, alimentaire, bien entendu, mais aussi climatique et énergétique.

C'est également une confiance, celle que nous attendons des pouvoirs publics. Nous leur disons : « Faites-nous confiance, privilégiez l'engagement à la norme, nous savons nous adapter ! »

Et enfin, c'est une volonté collective, car, j'en suis convaincu, une société qui reconnaît ses agriculteurs est une société qui croit en son avenir. Une société qui valorise ses métiers, même les moins visibles, est une société qui pourra continuer à faire du travail un de ses piliers.

# Aurélien Sonet

directeur général
de Pluxee

## Les entreprises ont toutes les cartes en main pour garantir l'équilibre au travail

Loin des visions caricaturales opposant une supposée époque du « tout pour le travail » à un présent marqué par le « désengagement total », les études et notre expérience de terrain chez Pluxee racontent une autre histoire : celle d'un rééquilibrage. Aujourd'hui, pour la majorité des salariés, le travail demeure une sphère essentielle de leur vie, mais il coexiste avec d'autres sphères tout aussi fondamentales, comme le cercle familial ou amical.

Comme le montrent les premiers éléments d'une étude menée par Pluxee et qui paraîtra à l'automne, les salariés désengagés ne sont qu'une minorité : loin de se désinvestir, les collaborateurs expriment plutôt un attachement renouvelé à leur travail, mais complété de nouvelles attentes. L'engagement n'est pas, ou n'est plus, inconditionnel. Il repose autant sur la reconnaissance et le soin apporté par l'entreprise que sur des éléments concrets comme le salaire et les avantages sociaux. Les managers le constatent au quotidien : la fidélisation d'un collaborateur ne se joue pas seulement à la signature de son contrat, mais tous les jours, en permettant à chacun de se sentir épanoui dans son environnement professionnel, avec une stabilité et une reconnaissance qui permettent de se projeter vers l'avenir.

Et dans un contexte d'incertitudes économique, sociale ou environnementale, cette exigence est d'autant plus forte. Plus que jamais, les collaborateurs attendent des conditions de travail protectrices, comme la sécurité de l'emploi, l'équilibre vie professionnelle/vie personnelle, des dispositifs de soutien au bien-être mental et physique. En réponse, il appartient aux entreprises de repenser leurs pratiques pour construire avec leurs équipes une relation équilibrée, respectueuse et tournée vers l'avenir. Les services d'avantages aux salariés permettent de répondre aux besoins des collaborateurs et de consolider leur motivation.

Comprendre ces attentes, y répondre concrètement et bâtir une culture de la reconnaissance véritablement incarnée : voilà, à mon sens, l'enjeu central pour toute organisation qui veut non seulement attirer mais surtout fidéliser les talents dans le monde du travail d'aujourd'hui. Les entreprises sont les garantes de l'équilibre au travail, et elles ont toutes les cartes en main pour le créer et le maintenir.

# VIII

## COLS BLANCS, COLS BLEUS : UNE ASPIRATION COMMUNE À L'ÉQUILIBRE PRO/PERSO

# Adrien Smid
Elabe

## Travailler mieux pour vivre bien

Non, les Français ne sont pas devenus fainéants, le travail reste important dans leur vie, mais sa centralité est concurrencée par d'autres essentiels du vivre mieux.

L'aspiration à un meilleur équilibre de vie a connu une accélération avec l'essor du télétravail : gain de temps sur les trajets domicile-travail, plus grande liberté pour organiser son emploi du temps, possibilité de travailler dans un environnement personnel. Mais cet essor a aussi engendré une nouvelle fracture, sociale et professionnelle, entre les cols blancs, souvent en capacité de travailler à distance, et les cols bleus, pour qui cette option reste largement inaccessible.

L'équilibre de vie est-il un nouveau clivage national ? Comment est-il perçu et vécu par les salariés ? Comment en faire un moteur de rassemblement, d'engagement et d'attractivité pour l'entreprise ?

Ce chapitre explorera l'évolution du rapport des Français au travail marqué par la recherche d'un nouvel équilibre entre vie professionnelle et personnelle. Il analysera dans quelle mesure cette aspiration est commune malgré la fracture du télétravail et les défis qu'elle pose à l'entreprise.

## Une aspiration à un meilleur équilibre vie professionnelle/vie personnelle partagée par tous

Les études montrent que l'aspiration à un meilleur équilibre de vie traverse toutes les catégories socioprofessionnelles, des cadres aux ouvriers. Cependant, les attentes sur ses modalités varient : plus de télétravail pour les uns, de flexibilité des horaires pour les autres et le refus de l'augmentation du temps de travail pour tous.

Soixante-seize pour cent[1] des Français attribuent une place importante[2] au travail dans leur vie. Cependant, en 1990, ils étaient 60 % à considérer le travail comme « très important », contre 21 % en

1. Elabe et al., Baromètre des territoires, 2025.
2. Norme Ifop de climat social, octobre 2022.

2022[1], priorisant désormais la famille (87 %) et la vie sociale (80 %). Les Français ne veulent plus travailler plus pour gagner plus, mais travailler mieux pour vivre bien. En témoignent leur opposition à l'augmentation de l'âge de la retraite et leur attachement à la durée légale de travail hebdomadaire. Ces nouveaux marqueurs sociaux sont souvent insuffisamment compris et pris en compte dans les décisions publiques. Dans la quête de bien-être, le temps libre et la flexibilité sont pour 88 % des Français la condition de leur équilibre.

Cols blancs, cols bleus : nous partageons l'aspiration à une meilleure qualité de travail, mais avec des attentes différenciées. Moins de réunions, plus de flexibilité et plus de télétravail pour les cols blancs qui le pratiquent massivement (à 75 %). Moindre pénibilité et amélioration de leurs conditions de travail et de rémunération pour les cols bleus, premières victimes d'un travail devenant insoutenable : 85 % des ouvriers jugent leur métier pénible[2],

1. Elabe et al., Baromètre des territoires, 2025.
2. Apec, « Regard des cadres, managers et employeurs sur le télétravail », *corporate.apec.fr*, mars 2025.

près d'un ouvrier sur trois ne se sent pas capable[1] de tenir jusqu'à la retraite[2].

## Le télétravail, privilège des cadres, fracture le monde du travail et agit comme un révélateur d'inégalités

La fracture s'est révélée dès le confinement : 82 % des cadres et professions intellectuelles ont rapidement bénéficié du télétravail qui, à court terme, leur a permis de conserver leur activité, leur rémunération et à moyen terme a introduit une plus grande flexibilité dans leur quotidien, avec le phénomène, un peu éphémère mais sensible, du travail dématérialisé et « déterritorialisé ». Plusieurs années après la pandémie, le télétravail s'est installé dans leur quotidien (65 % des cadres y ont aujourd'hui encore recours[3]). À l'opposé, les ouvriers et travailleurs de terrain (industrie, logistique, grande distribution, services essentiels) privés de cette option ont subi une période de stress et d'insécurité sanitaire et professionnelle.

1. Elabe, Institut Montaigne, *Les Échos*, Radio Classique, « Les Français et la pénibilité des métiers », février 2023.
2. DARES, « Quels facteurs influencent la capacité des salariés à faire le même travail jusqu'à la retraite ? », mars 2023.
3. Elabe, juin 2020.

Aujourd'hui, seule une frange marginale des ouvriers peut télétravailler[1].

Analyser les conditions de performance du télétravail est un exercice récent. Il démontre déjà qu'il ne constitue en rien une solution miracle. Particulièrement prisé des zones urbaines, il permet une meilleure gestion du temps avec un gain moyen d'une heure et demie de trajet par jour, et une meilleure conciliation de la vie professionnelle et de la vie familiale. Autre bénéfice mesuré : il améliore l'autonomie et la concentration. En contrepartie, il brouille la frontière des espaces privés et professionnels, génère une intensification du travail (35 % des salariés travaillent plus longtemps qu'en présentiel, sans compensation) et une augmentation du stress à partir de trois jours par semaine[2], provoquant de nouveaux risques pour la santé des télétravailleurs (mauvaises conditions d'installation, risques psychosociaux dont l'addiction[3]).

Les salariés qui en bénéficient plébiscitent le mode hybride, 44 % d'entre eux souhaitant même davantage télétravailler, contre à peine 12 % souhaitant moins de travail à distance.

---

1. Apec, « Regard des cadres, managers et employeurs sur le télétravail », mars 2025.
2. HelloWork, décembre 2023.
3. Ugict-CGT, L'Observatoire du télétravail, décembre 2023.

Pour entreprises et collaborateurs, de nouveaux défis sont apparus en moins de cinq ans : l'ouverture des possibles suscite des questionnements inédits, souvent contradictoires, pour lesquels les acteurs sociaux tâtonnent encore à trouver la bonne boussole.

## Intégrer les conséquences du télétravail oblige l'entreprise et la société à se réinventer

Repenser l'organisation du travail semble la conséquence la plus évidente du travail à distance. À une époque où les salariés priorisent leur qualité de vie au travail, attirer et fidéliser les talents nécessite de proposer un véritable équilibre entre vie professionnelle et personnelle[1]. Reprendre la main sur la flexibilisation du travail est un besoin exprimé des employeurs qui, en instaurant le travail hybride ou en testant de nouvelles organisations du travail comme la semaine de quatre jours, cherchent à concilier cette aspiration avec d'autres impératifs bien concrets (optimisation des espaces de bureau notamment). En vérité, les transformations sont plus intimes qu'organisationnelles : le télétravail change la culture d'entreprise, oblige à repenser la relation salarié-employeur, affaiblit la qualité du lien entre équipes – et avec l'entreprise – remet

1. DARES, enquête Tracov 2, 2023.

en cause le management, interroge la valeur de l'informel et du spontané, affaiblit la capacité d'innovation et d'adaptation.

C'est donc bien la société entière qui est mise au défi des transformations inégales et rapides des modes de travail. Son enjeu : fonder un nouveau contrat social du travail. Il s'agit de répondre à deux nécessités essentielles dans un contexte de bouleversements économiques, géopolitiques et sociaux imprévisibles et largement impensés.

La première nécessité est de mieux refléter dans les organisations du travail les nouvelles aspirations des travailleurs, pour atteindre ce que Dominique Méda appelle le travail soutenable, voire désirable. Soixante-dix huit pour cent des dirigeants reconnaissent que le rapport de force entre employeurs et salariés a changé[1], ce qui montre l'urgence d'une évolution[2] forte des propositions de valeur faites aux collaborateurs des entreprises.

La seconde nécessité est de limiter les tensions centrifuges que les évolutions de la dématérialisation, de la distance et de la flexibilisation font encourir au monde du travail. Dans une société désemparée, crispée et irréconciliée, le télétravail devient le symbole

1. *Ibid.*
2. The Boson Project, « Le monde d'après aura bien lieu », 16 novembre 2022.

d'un monde du travail à plusieurs vitesses, rendant encore plus difficile la formulation d'un projet sociétal commun, fondé sur la protection, la considération et l'adaptabilité.

Profonde mutation du monde du travail, le télétravail et ses inégalités représente un nouveau défi pour les entreprises : parvenir à en faire un moteur de rassemblement, non seulement en se réorganisant mais aussi en se repensant, et ainsi concilier performance et attractivité, en particulier pour les jeunes talents.

# Sophie Bellon

présidente du conseil
d'administration
et directrice générale
de Sodexo

## La convivialité, un puissant levier d'engagement

Le télétravail a profondément transformé notre rapport au bureau. **Il ne rend pas ce dernier obsolète : il en redéfinit la valeur.** Pour ceux qui peuvent télétravailler, venir sur site doit devenir une expérience à part entière. Le bureau ne se résume plus à un simple espace de travail, il devient un lieu essentiel de collaboration, de créativité et de lien social. Pour ceux qui ne le peuvent pas – dans les secteurs industriels, les services essentiels, les environnements de production – **c'est une question d'équité** : ils doivent bénéficier, eux aussi, d'un cadre de travail tout aussi accueillant, stimulant et centré sur leur bien-être.

Nous l'observons chaque jour sur les sites de nos clients **à travers nos services de**

**restauration**: le besoin de manger équilibré, de partager un moment convivial, de se retrouver autour d'un repas reste fondamental. Dans un monde du travail devenu hybride, notre métier n'est plus perçu comme un service transactionnel, il devient un levier stratégique pour renforcer la culture d'entreprise, fidéliser les talents et donner du sens au collectif tout en soutenant la performance individuelle et collective.

L'étude BVA « Télétravail et pause déjeuner » réalisée pour Sodexo France en 2023 le confirme: 91 % des télétravailleurs considèrent la pause déjeuner comme un moment clé de leur journée. Ce temps de respiration est perçu comme essentiel pour se reconnecter à soi et relâcher la pression. Mieux encore: une fois au bureau, ils sont 81 % à voir ce moment comme une occasion privilégiée d'échanger avec leurs collègues. Ces chiffres illustrent à quel point les moments de convivialité contribuent positivement à l'expérience globale du travail.

Je suis convaincue qu'il n'y aura à l'avenir ni hégémonie du télétravail ni au contraire de complet retour en arrière possible. Je crois en revanche à **un rééquilibrage de nos sphères d'intérêt qui redéfinit de manière assez homogène, que l'on soit col blanc ou col bleu, nos attentes vis-à-vis du travail**: l'importance de la vie familiale renforce la demande de flexibilité. L'attention apportée à la vie sociale confère au travail un rôle privilégié pour créer de nouveaux liens. Et dans cette mutation, la qualité de l'expérience vécue sur le site où on exerce son activité devient une priorité.

**Repenser la place de l'humain dans l'entreprise suppose donc de faire de la convivialité un levier puissant d'engagement.** En fonction de leur activité, de leur géographie, de leur pyramide des âges, de leur culture d'entreprise, les entreprises activent différents leviers pour y contribuer. Mais nous avons, à la place qui est la nôtre, une responsabilité majeure : repenser l'expérience de restauration au travail. Parce que l'entreprise de demain ne se contente plus de nourrir : elle prend soin, elle rassemble, elle donne du sens. Et cela commence, très concrètement, par le moment du repas.

# Gilles Gateau

directeur général
de l'Apec

## Une aspiration qui doit se traduire dans les organisations du travail

Avec les équipes de l'Apec, j'identifie[1] quatre chocs pour le monde du travail. La très grande difficulté pour ceux qui les vivent – nous tous – et ceux qui doivent les prendre en compte – le management et les ressources humaines des entreprises, les organisations syndicales, les pouvoirs publics – est leur simultanéité et leur conjonction.

Aucun de ces chocs de transformation ne peut être mis sur pause ou de côté. S'ils sont vertigineux, ils sont tous aussi importants et urgents. Il est impossible de traiter l'un sans l'autre :

– **le choc numérique**, de l'IA générative et des robots. C'est le plus connu des Français

1. Dans *2030… le travail a changé*, Paris, Le Cherche midi, 2024.

qui l'identifient comme la révolution majeure des années à venir ;

– **le choc écologique,** qui impose de changer nos process, nos modes de vie, y compris au travail, nos métiers et compétences. Il introduit une nouvelle distinction : la fracture « cols secs, cols humides », la fracture entre ceux qui pourront travailler à l'abri des effets du réchauffement climatique et ceux qui les subiront dramatiquement ;

– **le choc démographique**, le vieillissement, et donc la diminution, de la population active dans les pays développés pose déjà des questions complexes à traiter avec sérénité, comme les immigrations de travail. Ces deux chocs, démographique et écologique, sont nettement sous-estimés dans leur urgence et dans la manière dont ils bousculent le monde du travail. On est encore dans le déni du « encore une minute Monsieur le Bourreau ». L'IA ne peut être l'arbre qui cache la forêt des autres transformations tout aussi stratégiques et décisives pour la cohésion du marché du travail et de la société ;

– le dernier est **le choc des aspirations,** qui nous amène à votre sujet. Il ne faut pas le négliger. Il n'est ni une lubie ni une parenthèse enchantée liée à l'embellie post-covid de l'emploi des cadres. Il n'y a pas de fin de récréation à siffler, sauf à se préparer à des lendemains difficiles. Comme vous l'écrivez, il pose le sujet du rapport au travail et de la place du travail dans nos vies. J'adhère à cent pour cent à votre analyse de sa perte de centralité sans perte d'importance.

Depuis quelques mois, je redoute un cinquième choc, destructeur, qui doit nous inquiéter collectivement : celui, réactionnaire au sens premier du terme, du retour en arrière sur les politiques d'égalité, de diversité et d'inclusion, qui réserverait le travail (les bons emplois, les bons salaires...) à une catégorie au détriment des autres. Si les acteurs sociaux devaient s'y plier, cela changerait aussi la face du monde du travail et ne créerait pas un futur du travail désirable.

La préoccupation d'équilibre entre vie personnelle et vie professionnelle n'est pas récente. On en parle depuis trente ans, comme condition à une meilleure égalité entre femmes et hommes au travail grâce à un meilleur partage des tâches domestiques. Mais aujourd'hui, cette aspiration doit pleinement se traduire dans les organisations du travail. Regardez l'exemple des médecins. À l'Apec, nous observons des choix de reconversion professionnelle précoces, dès la trentaine – et non plus vers 45-50 ans comme auparavant. Ils concernent des professionnels formés, avec des études difficiles. L'adaptation devient impérative, même si la mauvaise conjoncture peut la freiner un peu.

Le besoin accru d'équilibre ne dépend pas que du télétravail, qui en tant que tel dit autre chose de l'évolution du rapport au travail, en particulier le rapport au collectif professionnel versus l'individualisation du travail.

D'autres aspirations s'expriment aussi très fortement. La première, l'autonomie, est une attente des salariés qui se répand au-delà de la catégorie des cadres. Le télétravail leur a certainement donné des marges d'autonomie supplémentaires, qu'ils apprécient et utilisent. Mais la tendance a largement précédé sa généralisation et l'*empowerment*[1] des équipes est une nécessité présente depuis longtemps, notamment dans les entreprises de service, pour renforcer la fierté et la qualité du travail.

Seconde tendance, l'aspiration à un management moins vertical et moins hiérarchique. Elle répond au besoin de comprendre le sens et les objectifs des missions confiées. Les salariés souhaitent être traités en adultes, et non en relais de directives indifférenciées ou d'ordres indiscutés. L'intérêt pour son travail est important chez les jeunes, mais pas exclusivement, qui va jusqu'à considérer sa contribution à une forme d'intérêt général. L'attractivité passe aujourd'hui aussi par le bénéfice sociétal du travail réalisé.

---

1. « Autonomisation », en anglais.

Il faut donc aussi saisir les opportunités. J'en vois une précieuse : l'hybridation des formes contractuelles du travail, qui rend moins pertinent le vieux clivage entre *insiders* en CDI protégés et *outsiders* en intérim et CDD précarisés. Une partie des cadres et des jeunes diplômés choisit aujourd'hui des statuts différents, selon les opportunités et les moments, en mélangeant les statuts, salarié, freelance, cadre en mission, sans vécu de précarité. À l'Apec, nous observons pleinement cette évolution récente et positive.

# IX

## LES DROITS DES FEMMES PEUVENT-ILS DE NOUVEAU NOUS RASSEMBLER ?

## Jai-Yen Oh
Elabe

### Droits des femmes : durement gagnés, durement menacés

Alors que le besoin de protection habite désormais tous les Français face au cumul des vulnérabilités, la protection des femmes prend une place très spécifique. À bien des égards, elle est devenue un enjeu politique et même géopolitique crucial, étonnement polarisateur et traumatique. Alors que les droits des femmes avançaient à marche lente mais continue dans les sociétés développées, nous assistons aujourd'hui à une remise en cause de ce qui nous semblait pourtant presque acquis. Devenus une fracture, les droits des femmes peuvent-ils de nouveau nous rassembler ?

## Quand les droits des femmes semblaient nous rassembler

L'inscription du droit à l'IVG dans la Constitution, une première mondiale à laquelle adhèrent 83 % des Français[1], ne témoignait-elle pas précisément de la victoire du féminisme dans le droit et dans les mentalités ? N'était-elle pas l'héritage ultime de décennies d'un combat devenu consensuel ? Plus de soixante-dix ans après l'article 3 du Préambule de la Constitution de 1946[2], 82 % des Français[3] estiment que l'égalité homme-femme est une priorité qui concerne autant les femmes que les hommes.

Pourtant, les femmes travaillent gratuitement à partir du 8 novembre.

Pourtant, seules quatre femmes dirigent une entreprise du CAC 40.

Pour la relève, il faudra attendre : aujourd'hui encore, 74 % des femmes n'ont

---

1. Ifop pour la Fondation Jean-Jaurès, « Le rapport des Français à l'avortement et la question de l'inscription de l'IVG dans la Constitution française », juin 2022.
2. Étude Ifop, « La loi garantit à la femme, dans tous les domaines, des droits égaux à ceux de l'homme ».
3. Étude Harris Interactive pour le ministère de l'Économie et des Finances, « La loi garantit à la femme, dans tous les domaines, des droits égaux à ceux de l'homme », décembre 2019.

jamais envisagé de carrière dans les domaines scientifiques ou techniques[1].

Pour l'apaisement aussi, il faudra attendre.

## De la violence symbolique à la violence physique : vers une prise de conscience commune

Pointé par les féministes, considéré comme une lecture militante des rapports intergenres, le patriarcat systémique et héréditaire se retrouve brutalement dans l'actualité à l'occasion du procès public des viols de Mazan. À son issue, près de six Français sur dix reconnaissent qu'il y a une culture du viol en France ; 78 % affirment qu'il les a poussés à réfléchir sur le regard de la société envers les violences sexistes et sexuelles ; 85 % qu'il doit inciter les hommes à s'engager dans la lutte contre elles[2].

Les faits eux étaient déjà là : 91 % des victimes de violences sexuelles connaissent leur agresseur[3]. L'intégrité physique des femmes

1. Haut Conseil à l'Égalité entre les femmes et les hommes, « Rapport - 6e état des lieux du sexisme en France : s'attaquer aux racines du sexisme », janvier 2024.
2. Ifop-Fiducial pour Sud Radio et POLLitics, octobre 2024.
3. Rapport d'information des députées Sophie Auconie et Marie-Pierre Rixain, février 2018.

reste menacée avec plus de 370000 femmes victimes de violences commises par leur conjoint ou ex-conjoint et quatre-vingt-huit féminicides en France en 2024, une femme sur deux victime d'agression sexuelle en Europe. Alors que 46 % des Français se sentent aujourd'hui exposés au risque d'agression physique[1], cette vulnérabilité sera-t-elle le levier pour accélérer la baisse des agressions faites aux femmes ?

## Le féminisme est un humanisme

Le constat est sans appel : les discriminations s'additionnent. Les femmes handicapées sont quatre fois plus susceptibles de subir des violences sexuelles que le reste de la population féminine[2] ; 85 % des personnes transgenres sont agressées au cours de leur vie[3] et, en pleine explosion des crimes et délits à caractère xénophobe, raciste ou antireligieux, 75 % des agressions islamophobes touchent des femmes[4]. Le dangereux cumul des inégalités et des discriminations amène à la convergence des combats : la lutte féministe

1. Elabe et al., Baromètre des territoires, 2025.
2. Rapport sur la situation des femmes handicapées dans l'Union européenne, Parlement européen.
3. Sociologue de la transphobie, Maison des sciences de l'Homme d'Aquitaine.
4. Rapport du Collectif contre l'islamophobie.

n'est plus seulement une question de genre, elle est profondément sociale. De ce fait, elle a gagné sa place dans le débat public.

## Dans le débat public, le féminisme présent, fragmenté, paradoxal…

En 2017, #MeToo, se répandant comme une traînée de poudre sur les réseaux[1], dans la société, l'entreprise, les médias et les tribunaux, change la donne. Ce n'est pas du féminisme politique, mais une massification de la voix des femmes dans la société, souvent grâce aux nouvelles formes de mobilisation digitales. Loin des manifestations et proclamations se développe un féminisme du quotidien, accessible à toutes et tous depuis son téléphone. Avec une nouvelle arme d'engagement : le partage social. Et une nouvelle réalité consubstantielle au monde numérique : la fragmentation et la conflictualisation.

## … et critiqué : bienvenue dans l'ère du *backlash* et de la détestation généralisée

Sur le même espace d'expression digital, des offensives structurées s'attaquent frontalement aux droits des femmes, marquant un retour offensif de la conflictualité.

1. Environ 870 000 tweets en France en 2022.

Nouvelle réalité sémantique, le masculinisme ne s'est jamais aussi bien porté, sur fond de revanche et de ressentiment. L'émancipation des femmes – entre autres, précisons-le : celle des Noirs, des musulmans, des juifs, des écologistes – n'y est pas associée à un progrès, mais à une rétrogradation de la place de l'homme, singulièrement de celle de l'homme blanc. Même sa liberté d'expression lui serait confisquée, de l'école aux réseaux sociaux.

Et pendant ce temps…

Le hashtag #malealpha comptait plus de 200 000 vidéos sur TikTok début 2024. Ses ambassadeurs influenceurs cumulent des millions de vues. Les sites de rencontres sont des lieux d'enrôlement par des « coachs séduction ». Ces mouvements sont de véritables modèles économiques, basés sur des stages et des contenus de coaching.

Évidemment, les réseaux sociaux sont la vie, en pire. Le Haut Conseil à l'égalité alerte : 37 % des hommes en France considèrent que le féminisme menace leur place dans la société. Et la détestation ne peut que se répandre comme le montre le phénomène des #tradwife, des femmes qui prônent un retour aux années 1950. Le mouvement 4B né en Corée du Sud (pas de couple, pas de sexe, pas de reproduction, pas de mariage) a de plus en plus d'adeptes hors de ses frontières, traduisant la place impossible laissée aux femmes dans certaines sociétés.

Alors sommes-nous passés d'un combat pour les droits à une guerre contre les droits... et contre les genres ?

## En tout cas, les conditions politiques en sont réunies avec l'élection de Donald Trump

Son premier mandat avait entraîné l'interdiction de l'IVG dans plusieurs États américains : le second s'ouvre par la signature du décret rétablissant la règle du « bâillon mondial », soit la limitation du droit à l'IVG dans les pays dont le système de santé est soutenu financièrement par les États-Unis. Son combat contre le wokisme a rallié les géants de la Tech puis certaines grandes entreprises américaines sommées de bannir leurs politiques DEI[1], et dorénavant le monde de la recherche, sommé de stopper toute étude concernant notamment seulement les droits, l'égalité de genre ou le féminisme, mais aussi la santé des femmes et, plus généralement, l'amélioration de leur qualité de vie. La vision est simple : « protéger les femmes contre leur gré » et définir ce qu'il y a de mieux pour elles. Évidemment, l'exception américaine n'en est pas une : partout, de l'Europe à l'Amérique latine, l'extrême droite met en péril l'avancée de l'égalité par ses abstentions (sur les sujets de

1. Diversité, équité et inclusion.

protection : avortement, salaire minimum…) et ses propositions (rémunération des femmes au foyer, importance de la démographie qui cantonne les femmes au rôle de reproductrices). En parallèle, les femmes, ou plutôt leurs votes, sont convoités : leur protection est devenue une nouvelle justification des politiques anti-immigration.

L'enjeu politique et sociétal s'introduit dans la réalité des entreprises, qui recherchent des voies de réconciliation… ou de sortie…

## En entreprise, les inégalités persistent

Les salaires des femmes valent en moyenne 76,5 % des salaires masculins[1] – ce que pas mal de leurs collègues hommes jugent normal[2]–, du fait du temps partiel, des emplois précaires, des freins à la carrière. Fruit du cumul des inégalités tout au long de la vie professionnelle, l'écart des pensions de retraite est de 40 %. En 2020, les femmes ne représentaient que 23 % des comités exécutifs ou comités de direction. C'est le plafond de verre théorisé

1. Insee en 2022, -6 points en… vingt-cinq ans.
2. Seuls 35 % des hommes de 25-34 ans considèrent anormal qu'un homme ait un salaire supérieur à celui de sa collègue à poste égal. Rapport 2024 sur l'état des lieux du sexisme en France du Haut Conseil à l'Égalité des femmes et des hommes, 6e état des lieux du sexisme en France, 2024.

dans les années 1970. Sa petite sœur, la paroi de verre, permet d'accéder aux fonctions à hautes responsabilités mais pas n'importe lesquelles : les moins stratégiques pour l'entreprise comme les directions des ressources humaines ou marketing. Et la dernière-née, la falaise de verre observée par l'université d'Exeter en 2005 : en temps de crise, les femmes ont plus de chance de prendre la tête d'une organisation grâce aux stéréotypes de genre – intelligence émotionnelle –, mais aussi, grâce à la recherche de décisions symboliques de rupture. On constate le même phénomène pour les minorités ethniques, culturelles, religieuses.

### L'entreprise est-elle l'avenir de la femme ? Rassembler à l'échelle d'un corps social constitué

Le pouvoir d'action des entreprises dépasse désormais celui de la puissance publique et leur responsabilité sociétale est transformative[1]. Favoriser l'accès à l'emploi et à la progression de carrière est un premier pas, faire évoluer les mentalités en est un second. Le sexisme au travail contribue à entretenir l'inégalité de traitement : 78 % des Français entendent fréquemment des remarques sexistes, les femmes

1. Elabe et al., Baromètre des territoires, 2025.

(82 %) comme les hommes (74 %), les seniors (81 %) comme les jeunes (85 %)[1]. S'y attaquer par la formation, l'institution d'un cadre clair et un suivi dans la durée permet aux entreprises d'affirmer la cohérence de leurs engagements, d'autant qu'elles sont également des maisons de verre dont les salariés ont directement accès à leurs consommateurs. Clarifier les possibilités de carrière – notamment la gestion des moments de rupture, maladie, maternité, aide familiale – et démontrer sa capacité à proposer des postes à responsabilité à ses collaboratrices renforce l'engagement individuel et crédibilise la démarche collective.

L'accès des femmes à l'emploi est bénéfique pour les entreprises, au-delà des enjeux sociétaux. Selon une étude du FMI en 2018[2], la diversité des genres permet d'apporter aux organisations des compétences et des optiques différentes, notamment en termes de risques et de collaborations. Les recherches ont montré un lien entre l'amélioration des résultats financiers d'une entreprise et la composition équilibrée entre hommes et femmes de leurs conseils d'administration. Ainsi, le FMI

1. Elabe, « Les Français et les violences sexuelles et sexistes faites aux femmes », novembre 2024.
2. Christine Lagarde et Jonathan D. Ostry, « Les bienfaits économiques de l'inclusion des femmes sont même plus élevés qu'on ne le pensait », *imf.org*, 29 novembre 2018.

indique que l'élimination des disparités de genre pourrait entraîner une augmentation du PIB de 35 % en moyenne dans certains pays.

Principal pôle de cohérence, d'apaisement et de protection[1] actuel, l'entreprise a tout à gagner à s'emparer des défis posés par les droits des femmes : face à la conflictualité, créer des cadres de coopération et de dialogue ; face aux risques régressifs, générer la confiance et l'engagement ; face à la crise, innover pour la croissance économique et sociale.

1. Elabe et al., Baromètre des territoires, 2025.

# Christine Loizy

directrice générale
de Primark France

## Il n'y a pas de retour en arrière possible

Parce que l'entreprise est une microsociété en elle-même, elle a un rôle clé à jouer dans l'émancipation des femmes.

Le mouvement #MeToo a changé durablement la donne : de plus en plus de femmes ont fait entendre leur voix, nous faisant prendre conscience de la nécessité de changer les règles du jeu dans les rapports femmes-hommes en entreprise. On ne s'exprime plus de la même manière, au même titre qu'on ne peut plus décider et diriger de la même manière.

Mais le vivre-ensemble en entreprise n'est pas si simple : il y a une différence entre une adhésion théorique et la vraie vie, ce n'est pas parce qu'on a pris conscience du problème que le combat est gagné. Pour faire évoluer les comportements, l'entreprise et ses dirigeants doivent endosser un nouveau rôle, celui d'arbitres pédagogues mais intransigeants :

former, expliquer ces nouvelles règles du jeu tout en n'hésitant pas à siffler le hors-jeu, en transparence et en exemplarité, car on ne change pas de logiciel si facilement ; rester vigilant à toute transgression pour ne laisser aucune chance aux comportements sexistes, enquêter et rechercher la vérité lorsqu'il y a des plaintes, faire du savoir-être un critère d'évaluation aussi important que la performance.

Le rôle de l'entreprise pour les droits des femmes ne s'arrête pas là : elle a aussi la responsabilité de favoriser leur accès aux postes à responsabilités. Je me souviens, dans mes premières fonctions managériales, avoir été trop souvent la seule femme dans un milieu très masculin. Aujourd'hui, la moitié de nos magasins sont dirigés par des femmes. En tant que dirigeants, en tant que managers, nous devons bien entendu faire tomber les barrières à l'entrée, mais aussi guider les femmes vers les responsabilités, l'ambition et leurs rêves. Les responsabilités sont synonymes d'action, de « bagarre », d'exposition, de jeux politiques et de situations difficiles, des champs très masculins dans l'imaginaire collectif bien loin de la douceur, politesse, fragilité « féminines ». Encore aujourd'hui, défendre ses positions n'est pas toujours perçu de la même manière selon qu'on soit un homme ou une femme : pour l'un, c'est faire preuve de courage, pour l'autre, c'est importuner.

Alors que les nouvelles générations qui nous rejoignent en tant que collaborateurs et clients sont entrés dans l'âge adulte avec #MeToo, nous devons accélérer. Les dirigeants femmes comme hommes doivent agir comme *role models* sans discrimination autre que le talent. Pour nous, entreprise de mode, c'est aussi continuer à agir pour une plus juste représentation du corps des femmes en leur proposant une offre adaptée, qui leur ressemble.

Les entreprises ont le pouvoir et le devoir de faire changer les mentalités. Il n'y a pas de retour en arrière possible.

# Florence Lustman

présidente
de France Assureurs

## L'inégalité, un risque systémique

**Le chemin de la parité passe par l'assurance**

Face à la question de savoir si les droits des femmes peuvent constituer un socle fédérateur pour notre société contemporaine, le secteur assurantiel apporte une réponse affirmative, étayée par trois illustrations concrètes, démontrant son engagement en faveur de l'égalité des genres.

**Concernant l'emploi et la parité professionnelle**, les données statistiques révèlent une présence féminine prépondérante dans ce secteur, représentant 60 % des effectifs globaux. Si l'accès aux postes décisionnels demeure perfectible, avec une proportion de 33 % de femmes occupant des fonctions de cadres dirigeantes selon les analyses de l'Observatoire des métiers de l'assurance, il convient de souligner l'évolution favorable observée au cours des dernières années. Rappelons que ces initiatives en faveur de la mixité s'avèrent économiquement bénéfiques pour les organismes concernés. L'étude de référence menée par McKinsey intitulée « Diversity wins : how inclusion matters » (2020) établit en effet que les institutions du secteur financier présentant une diversité de genre supérieure bénéficient d'une probabilité accrue de 25 % d'atteindre des performances financières optimales. La diversité constitue ainsi non seulement un impératif de justice sociale, mais également un facteur de compétitivité organisationnelle. Soutenues par un engagement profond et sincère des dirigeants du secteur, les initiatives se multiplient au sein des compagnies d'assurance afin d'accompagner l'évolution professionnelle pour faire émerger des talents au féminin.

**Concernant la protection contre les violences intrafamiliales**, l'année 2021 a vu l'émergence d'une initiative sectorielle majeure avec un engagement de place porté par France Assureurs consistant à inclure les violences intrafamiliales dans les garanties des contrats de protection juridique. Au-delà de cette démarche collective, plusieurs groupes assurantiels ont récemment élaboré des dispositifs spécifiques, comme la prise en charge de solutions d'hébergement temporaire pour les victimes en sus de l'accompagnement juridique adapté. Ces mesures témoignent d'une mobilisation institutionnelle face à cette problématique sociétale majeure et illustrent la mission de protection qui est au cœur de l'assurance.

**En matière d'inclusion économique,** les indicateurs mettent en évidence une sur-représentation féminine dans les situations de précarité. La promotion des droits des femmes s'inscrit donc également dans une perspective d'émancipation économique et d'accès à l'emploi. Dans ce contexte, France Assureurs a formalisé en 2024 un partenariat avec la Fondation Entrepreneurs de la Cité, organisation pionnière dans le développement d'une offre de microassurance destinée aux entrepreneurs en situation de vulnérabilité sociale. Sur les 10 000 micro-entrepreneurs ayant bénéficié de ce dispositif, 60 % sont des femmes et 80 % présentent une reconnaissance de travailleur handicapé. Afin de sécuriser l'activité de ces entrepreneur(e)s, un ensemble complet de garanties leur est proposé par les assureurs partenaires, comprenant couverture santé, prévoyance, responsabilité civile professionnelle et multirisque professionnelle.

Le secteur assurantiel, dont la mission fondamentale réside dans l'anticipation des risques et la protection, a de longue date reconnu l'importance de la parité ainsi que la nécessité d'apporter des réponses adaptées aux besoins spécifiques des assurées. Cette vision stratégique permet d'affirmer avec conviction que la question des droits des femmes est un facteur de cohésion sociale alors que l'inégalité constitue un risque systémique pour l'ensemble de la collectivité.

# X

# L'ENTREPRISE N'A PAS LE DROIT DE DÉCEVOIR

Bernard Sananès
Elabe

## Holistique, partenariale et protectrice

En quinze ans, l'entreprise s'est transformée à une rapidité sans précédent. En elle et autour d'elle, tout a changé : technologies, marchés, concurrence, collaborateurs.

Initiée avec la loi Pacte sous l'influence de quelques dirigeants, dont Antoine Frérot, concrétisée avec la crise sanitaire de 2020, la mue s'est déroulée sous nos yeux. En comprenant que la raison d'être ne devait pas être une raison de paraître, mais bien une raison d'agir, et en déplaçant le terrain d'observation du libéralisme à l'efficacité, l'entreprise a progressivement gagné la bataille de l'utilité.

D'objet politique, elle est devenue actrice sociétale. D'objet clivant, elle s'est dédiabolisée. De marqueur politique, elle s'est désidéologisée.

Traduction en chiffres : l'image des entreprises a nettement progressé entre 2017 et

2025 (plus de 12 points) atteignant 83 % de bonne image. Et cette opinion positive se retrouve avec de faibles nuances sur tous les bords du spectre politique (78 % à gauche, 85 % chez les sympathisants RN, plus de 90 % dans le bloc central). Bien sûr, l'entreprise est d'autant mieux aimée qu'elle est proche et, au moins symboliquement, accessible. Les Français plébiscitent LEUR entreprise et « LEURS » TPE et PME (et leurs dirigeants !), à 86 % de bonne image[1].

Comment expliquer cette consolidation ? En mettant en lumière la réactivité et la puissance des entreprises pour déployer des solutions, la crise covid a d'abord marqué un tournant. Résultat : elles étaient jugées, dans la crise, comme davantage à la hauteur que l'État.

## Utilité sociétale

Mais c'est surtout quand la vie a repris son cours, au moment où les défis économiques, sociaux, environnementaux se sont réinstallés en tête de ses priorités, que le citoyen a fait le constat de l'impuissance de l'action publique : l'entreprise a alors gagné une nouvelle légitimité.

Face à tant d'acteurs enfermés dans un vain ministère de la parole, elle a été perçue comme

1. Elabe, 25 et 26 février 2025.

le ministère de l'action. C'est bien la capacité à agir, à transformer qui est reconnue à l'entreprise, en particulier par les jeunes. Restait à convaincre du changement de dimension : au-delà de sa vocation économique, de l'indispensable création de richesses, l'entreprise a élargi son terrain de jeu. Sur tous les fronts : social, environnemental, territorial, elle s'est lancée à la conquête de nouvelles frontières. Celles de l'utilité sociétale. Jugée sur ses actes, elle occupe dorénavant une place unique, et peut disposer de ce nouveau capital, reconnu et perçu comme indispensable. Un chiffre en atteste : 52 % des Français[1] classent les entreprises du côté de ceux qui peuvent changer leur vie, soit 7 points de plus que le président de la République, longtemps perçu comme tout-puissant dans notre pays, qu'il soit jupitérien ou pas.

## L'entreprise holistique

Mais cette confiance renouvelée fait en parallèle monter le niveau d'exigence envers les entreprises, un peu comme ces finalistes des concours de saut à la perche pour lesquels la barre ne cesse de monter. Car la « France désemparée en quête de tranquillité » attend désormais tout ou presque de l'entreprise :

1. Elabe et al., Baromètre des territoires, 2025.

qu'elle veille à la santé, à la sécurité et au bien-être de ses salariés (78 %), qu'elle recrute (71 %), qu'elle partage la valeur créée (68 %), qu'elle forme (58 %), qu'elle fasse progresser la compétitivité (58 %), qu'elle intègre les jeunes (55 %), notamment par l'apprentissage, qu'elle prenne soin de la planète (60 %)[1].

Aux yeux des Français, la preuve de l'utilité de l'entreprise, c'est sa capacité holistique. C'est-à-dire sa capacité à ne pas choisir entre ses engagements, ne faire aucune impasse. Pour le communicant que je suis, c'est un renversement copernicien. Alors que nous avions, pendant longtemps, conseillé aux dirigeants de choisir leurs combats, de s'en tenir à leur positionnement, à leurs territoires d'expression et de les répéter, nous devons aujourd'hui formuler la recommandation exactement inverse : ne choisissez pas. Ne renoncez pas. Vous serez jugés sur la congruence et la complétude de vos engagements. Du salaire à la protection de l'environnement, des droits sociaux à la formation, de la santé au bien-être : vous êtes attendus sur tous les fronts. Des critères de succès inusités apparaissent : l'innovation sociale, les nouveaux équilibres entre vie professionnelle et vie personnelle, mais aussi la singularité sociétale, la sincérité des engagements traduite

1. Elabe, Baromètre de l'Institut de l'Entreprise, 2023.

en actions et en résultats, la cohérence entre puissance et contribution, entre globalisation et ancrage. Extension du domaine de l'action : logement, santé mentale, aidants, écologie, éducation peuvent être de nouvelles frontières de l'action entrepreneuriale.

**L'entreprise partenariale**

Une entreprise utile, c'est enfin une entreprise qui sait qu'elle n'est pas seule. Face aux transitions et aux ruptures, elle prend sa part mais construit des partenariats et des alliances. Elle s'appuie sur les autres et elle appuie les autres. On voit trop que les États ont délégué une partie de leurs responsabilités aux entreprises. Pour autant, le mouvement de coresponsabilisation nous semble irréversible. Public, privé, associatif, universitaire : les solutions durables émergent aux confluences des rôles et des compétences, comme les entreprises l'ont démontré pendant la crise de 2020 – avec un bénéfice d'image immédiat. L'entreprise est le moteur naturel et symbiotique de la transformation des écosystèmes. Des enseignes s'associent au sein de galeries marchandes pour développer les temps partiels cumulés de leurs salariés, L'Oréal soutient l'ouverture d'un CAP Métiers de la coiffure à Lisieux en Normandie, des marques mettent en *open source* leurs brevets pour accélérer la recyclabilité de leur emballage. Jean-Pierre Farandou développe le concept de responsabilité territoriale, qui incarnerait cette capacité collaboratrice autour notamment des programmes « Place de la gare » pour faire des petites gares des lieux de redynamisation des cœurs de ville. À l'occasion de la refonte du siège à Clermont-Ferrand, Michelin a souhaité s'ouvrir davantage sur la ville. Elle a ainsi imaginé des espaces en rez-de-chaussée ouverts au grand public, tels qu'une brasserie, un lieu d'exposition temporaire, une serre en accès libre présentant les plantes qui donnent le caoutchouc pour les pneus.

## L'entreprise qui protège

Au terme de ces dix ans, face à la multiplication et à l'empilement des vulnérabilités, l'entreprise doit à présent répondre à un nouveau défi adressé par le citoyen : qui me protège ? Qui nous protège comme individus ? Qui nous protège comme collectif, société et nation ? La crise de l'État-providence chère aux années 1980 est devenue crise de l'État tout court. L'Europe se vit plus comme une passoire que comme une forteresse, dont les conflits, la désunion et la pauvreté forcent les portes. Les collectivités locales sont des acteurs aux responsabilités limitées, concédées plus qu'affirmées. À rebours, les entreprises présentent un modèle de repères et de stabilité, que Michel Pébereau, alors président de l'Institut de l'Entreprise, qualifiait déjà en 2002 de rôle de cités-États au sein desquelles se regroupent des communautés de valeurs, de projet et de comportements. Dans les cercles de protection que se cherchent les Français, l'entreprise est appelée à jouer un rôle primordial, qu'il faut entendre largement : pas seulement la protection d'un emploi, d'un salaire et de conditions de travail, mais la protection sociale étendue de ses salariés, de ses fournisseurs, de son écosystème et de son territoire, qui deviennent alors des éléments de différenciation réels. Face à la crise du logement, des entrepreneurs au Pays basque n'ont trouvé qu'une seule solution : ils se sont associés pour racheter et rénover une ancienne ferme. En Pays de Loire, une ETI[1] de menuiserie achète un terrain en espérant y construire pour loger une vingtaine de salariés et leurs familles. Augustin de Romanet, alors à la tête d'ADP, annonce que tous les salariés pourront y réaliser un bilan de prévention santé complet, pris intégralement en charge par l'entreprise, dans des locaux dédiés à Paris-Charles-de-Gaulle et Paris-Orly. À cette échelle, c'est une première en France, approuvée à l'unanimité par les représentants des salariés.

1. Entreprise de taille intermédiaire.

Repensée ainsi, l'entreprise s'affirme, face aux insécurités multiples, comme un refuge vers lequel convergent salariés, clients, fournisseurs, acteurs publics et de terrain – et même demain, le citoyen.

Plus que tout autre acteur, l'entreprise vit ces ruptures qui nous rassemblent. Elle y puise la source de sa réinvention, de la réaffirmation de son utilité et de la bataille pour sa réputation et son influence. Elle n'a jamais été aussi puissante ni aussi attendue, sur son efficacité comme sur sa sincérité. Contre toute attente, elle peut devenir un lieu de réconciliation.

Pour toutes ces raisons, elle n'a pas le droit de décevoir.

***RSE ou plus RSE ?***

*Soixante-cinq pour cent des Français*[1] *estiment que les entreprises ne sont pas à la hauteur de la crise écologique. Cinquante et un pour cent pensent qu'elles ne sont pas sincères dans leurs engagements RSE et pour 63 %, elles ne les prennent que pour améliorer leur image. La RSE semble en crise et les dirigeants s'élèvent contre la bureaucratie qu'elle est devenue. Quant à l'innovation juridique de la raison d'être, elle n'a pas passé le mur des leaders d'opinion qui y voient un travail*

1. Elabe, Baromètre de l'Institut de l'Entreprise, 2023.

*d'introspection au mieux, un habillage de communicants au pire. Pourtant l'exemple de quelques pionniers montre que l'engagement peut être une très efficace boussole business. Ainsi Veolia a fait de la « transformation écologique » le marqueur de sa stratégie et de ses actions.*

# Antoine Frérot

président du conseil
d'administration de Veolia

## L'entreprise doit afficher des performances plurielles

*Nous constatons dans nos études que les Français reconnaissent à l'entreprise un rôle accru de protection dans la société de vulnérabilités que nous connaissons. Êtes-vous surpris par cette évolution ?*

*Antoine Frérot.* – Vous confirmez, effectivement, que l'entreprise peut être un des points de ralliement, ou de moindre contestation, entre Français. Je n'imaginais pas qu'on avait repris tant de terrain perdu, même si j'ai l'immodestie d'y voir aussi un effet du travail que nous faisons, à l'Institut de l'Entreprise et, plus globalement, comme dirigeants, pour réconcilier les Français avec leurs entreprises. Attention simplement à ce que certains n'abusent pas de cette nouvelle place de l'entreprise et ne provoquent un retour de balancier.

*Qu'est-ce qui a été, justement, la rupture? Est-ce la loi Pacte?*

*Antoine Frérot.* – Je la verrais plutôt comme un point d'inflexion. Je pense que, d'abord, s'est installée une petite musique, très minoritaire au début, mais présente : celle des chefs d'entreprise qui pensaient que l'entreprise financière ou l'économie actionnariale ne sont pas les plus efficaces. Ensuite, le covid a joué un rôle important, parce que les entreprises ont protégé et le travail et la santé, ce qui a été très bien accueilli. Je perçois que l'entreprise est aujourd'hui un lieu de stabilité, de protection et de sécurité, au moment où nos grands repères du passé, la famille, les religions, même les idéologies, sont fragilisés. Cependant, la loi Pacte a été un signal important, même si je ne pense pas que les Français la connaissent. Je pense qu'elle n'a pas été assez loin : elle aurait dû reprendre la totalité du rapport Notat-Senard !

*Sur quelles dimensions ?*

*Antoine Frérot.* – Sur l'importance de la raison d'être, sur la nécessité de la formuler avec exigence et complètement. La raison d'être, ce n'est pas un motto, ce n'est pas un slogan. C'est l'essence de l'entreprise : ce qu'elle fait, pourquoi elle le fait, pour qui elle le fait et comment elle le fait. Elle oblige à donner des preuves. La développer dans chaque entreprise est indispensable. Sa raison d'être a transformé Veolia, elle a obligé nos parties prenantes à s'interroger d'abord puis à comprendre les arguments des autres ou les intérêts des autres, à créer des consensus. Les dirigeants doivent s'emparer de ce formidable levier. Et pour cela, le monde académique doit parallèlement se saisir et nourrir cette vision plus large de l'entreprise, et y former les futurs dirigeants qui auront à s'en emparer.

*L'entreprise comme lieu de stabilité : cela n'a pas toujours été le cas et ne le sera peut-être plus en période de crise…*

*Antoine Frérot.* – En entreprise, les repères qui, partout, sont remis en cause ou disparaissent sont conservés, protégeant les salariés de la peur humaine des ruptures brutales. L'entreprise est ce lieu de la transformation progressive, qui peut ainsi s'attaquer aux enjeux qui inquiètent l'opinion. Sur l'écologie par exemple, les Français reconnaissent aux entreprises d'essayer d'agir concrètement et de se placer du côté des solutions.

L'autre exemple est bien sûr la protection sociale qui, dans toutes ses dimensions, est le fruit du travail de l'entreprise.

*Quand nous avons réalisé l'enquête Elabe pour l'Institut de l'Entreprise, l'entreprise était attendue sur le partage de la valeur. Considérez-vous que cela reste un point de critique ?*

*Antoine Frérot.* – Dans le sujet de la valeur, je vois bien plus que la performance financière. Le partage de celle-ci via la rémunération reste clairement une demande, même si, en période de tension économique, les critiques se font moins acerbes. Je reste persuadé que le partage de la valeur doit aller au-delà des formes de rémunération : dans la formation, la protection sociale, la prévention de l'accidentologie, l'équité et la diversité. Le partage de la valeur est un tout pour les salariés.

*Redoutez-vous que, face au discrédit des autres acteurs, et notamment de l'État, on en demande trop à l'entreprise ?*

*Antoine Frérot.* – Je déplore ce discrédit, qui me paraît excessif. Il n'y a pas d'économie sans politique économique, sans règles et régulations. Le primat du politique importe à mes yeux dans la réussite économique. Attention : j'entends bien que demander moins de politique n'est pas la même chose que demander moins de bureaucratie. Ma vision est celle de l'équilibre, d'une harmonie même entre pouvoirs économiques et politiques. J'aimerais plus de rationnel dans les attentes vis-à-vis du politique, de l'entreprise, mais aussi du monde académique et de l'école, du monde associatif, des médias. Je refuse les excès de discrédit comme les excès d'honneur.

*Par exemple, ce n'est pas vrai que l'école ne forme pas. Mais devrait-elle former mieux ?*

*Antoine Frérot.* – L'école doit former à deux choses : être citoyen et aussi acquérir des compétences nécessaires au travail. Il faudrait distinguer les deux. L'école doit former plus largement à essayer de comprendre le monde et à apprendre à s'y inscrire. Ensuite vient la spécification de compétences particulières. Notre besoin, c'est de développer les autres formes d'enseignement, l'apprentissage et l'alternance, qui ne peuvent être des variables d'ajustement budgétaires.

*Avec la loi Pacte, avec les dialogues parties prenantes, l'entreprise a-t-elle quitté son bunker pour entrer dans la société ?*

*Antoine Frérot.* – Elle a toujours été dans la société. Les chefs d'entreprises mettent les clients au centre de leur stratégie, ils discutent avec les syndicats, voient leurs fournisseurs. Mais ils n'osent parler que de leurs performances financières. Que les chefs d'entreprise se préoccupent des différentes parties prenantes, c'est quelque chose qui n'est pas suffisamment perçu. La raison d'être et la transparence sur la performance extrafinancière dans toutes ses dimensions contribuent à la lisibilité de la place de l'entreprise dans la société.

*Est-ce que pour vous, les chefs d'entreprise doivent participer au débat politique ?*

*Antoine Frérot.* – Non. Je pense que les patrons sont légitimes à prendre la parole publique uniquement parce qu'ils sont patrons, pas comme citoyens – ou alors, ils s'engagent autrement. C'est sur les sujets qui concernent leur champ d'action et de compétence et la politique économique qu'ils sont légitimes.

*Qu'est-ce qui reste à faire ? Quelle est la nouvelle frontière ?*

*Antoine Frérot.* – Il faut apporter des preuves de la réconciliation entreprise-société. Il faut prouver que les entreprises servent des publics plus nombreux que ses seuls actionnaires ou clients. Il faut prouver – et afficher – des performances plurielles et multidimensionnelles. Des performances financières mais aussi sociales, environnementales, sociétales. Cela implique de faire évoluer nos gouvernances. Je suis partisan d'avoir des conseils d'administration qui reflètent cette pluralité d'intérêts : les clients, les générations futures, la planète doivent, comme nos actionnaires et les salariés, entrer dans nos organes de décision. Je me suis fait beaucoup critiquer quand j'ai évoqué la présence dans les conseils de représentation d'associations – si elles reconnaissent l'importance et l'utilité de l'entreprise. Et je reste persuadé d'avoir sur ce point raison et que si nous ne faisons rien, le retour de bâton sera brutal.

*Voyez-vous les parties prenantes comme des acteurs de la décision et de la performance, pas seulement d'un dialogue ?*

*Antoine Frérot.* – La loi peut-elle aller jusque-là ? Les parties prenantes des entreprises peuvent être différentes d'une entreprise à l'autre, c'est compliqué à codifier. Mais si la loi précisait par exemple que les entreprises doivent publier une raison d'être et identifier leurs parties prenantes principales, elle pourrait leur demander d'intégrer au sein de leur conseil des représentants de ces intérêts principaux. Qu'attend la société de l'entreprise ? Une prospérité là encore plurielle. J'espère ne pas être le seul au sein du patronat à poser ce regard.

**68%**

des Français sont convaincus que l'**inaction écologique** coûtera plus cher que l'action.

**74%**

des 18-24 ans ne font pas confiance aux **influenceurs**.

**88%**

des actifs attendent de leur emploi qu'il concilie travail et **temps libre**.

**78%**

des sympathisants de gauche comme 85% au RN ont une bonne image des **entreprises**.

**81%**

des salariés aspirent fondamentalement à **être reconnus** par leur employeur.

# 61%

des Français ne font plus confiance aux **statistiques** publiques.

# 75%

des Français jugent que la société est **injuste**.

# 82%

des Français estiment que l'**égalité homme-femme** est une priorité qui concerne autant les femmes que les hommes.

# 79%

des Français jugent qu'il fait **bon vivre** dans leur quartier.

# 90%

des Français souhaitent maintenir notre **modèle social** solidaire pour la dépendance, la santé, le chômage et les retraites.

## Remerciements

Un très grand merci :

À tous ceux qui ont participé à cet ouvrage, particulièrement à nos clients et grands témoins.

À Séverine Lèbre-Badré pour sa contribution.

À toute l'équipe Elabe.

À Marie-Rose Beslin sans qui rien de ces dix ans n'aurait été possible.

## Crédits photographiques

Portraits des « élabiens » : © Simon Desrochers
Portrait Jean Garrigues : © Éric Fougere/Corbis via Getty Images
Portrait Jean Viard : © Hamilton/REA
Portrait Édouard Vieillefond : © Géraldine Aresteanu
Autres portraits : droits réservés

Illustrations par Irina Kiro.

## Table des matières

Pour limiter l'empreinte environnementale
de leurs livres, les éditions de l'Aube
font le choix de papiers issus de forêts durablement
gérées et de sources contrôlées.

Achevé d'imprimer en août 2025
sur les presses de l'imprimerie Bussière
pour le compte des éditions de l'Aube
331, rue Amédée-Giniès,
F-84240 La Tour-d'Aigues

Numéro d'édition : 6994
Dépôt légal : juin 2025
Numéro d'impression : 2086367

*Imprimé en France*